AF154632

Bertrand Michael Buchmann

Als es noch Abenteu(r)er gab

Wilhelm Bolts
als Handelsunternehmer und Koloniegründer
zur Zeit Maria Theresias und Josephs II.

novum ◢ pro

Dieses Buch ist auch als
e-book
erhältlich.

www.novumverlag.com

Bibliografische Information
der Deutschen Nationalbibliothek:

Die Deutsche Nationalbibliothek
verzeichnet diese Publikation in
der Deutschen Nationalbibliografie.
Detaillierte bibliografische Daten
sind im Internet über
http://www.d-nb.de abrufbar.

Gedruckt in der Europäischen Union
auf umweltfreundlichem, chlor- und
säurefrei gebleichtem Papier.

© 2023 novum Verlag

ISBN 978-3-99131-815-6
Lektorat: Birgit Himmüller
Umschlaggestaltung & -fotos:
Mag. Bernhard Kollmann,
Kollmanndesign
Layout & Satz: novum Verlag
Innenabbildungen:
siehe Bildunterschriften

Die vom Autor zur Verfügung ge-
stellten Abbildungen wurden in der
bestmöglichen Qualität gedruckt.

www.novumverlag.com

Climate neutral
Print product
ClimatePartner.com/16547-2201-1002

INHALTSVERZEICHNIS

DANKSAGUNG

an Frau Regina Bauer vom novum Verlag für die umsichtige Autorenbetreuung;

an Frau Mag. Wilma Buchinger für die mühevolle Arbeit des Korrekturlesens;

an Frau Dr. Martina Wallisch-Lehner für das Auffinden von Quellen und ihre Beratung in allen nautischen Fragen;

an Herrn Mag. Bernhard Kollmann für die Cover-Gestaltung und für die Rekonstruktion des Schiffsbildes nach alten Skizzen.

EINLEITUNG

Wenn wir das abenteuerliche Leben von Wilhelm Bolts (1738-1808) aus gegenwärtiger Sicht beleuchten, so tauchen wir in fremde Welten ein, die heute, nach einem Vierteljahrtausend vielfach unverständlich erscheinen. Weder können wir uns ein Indien unter der zerbröckelnden Mogulherrschaft und dem zunehmend drückenden Einfluss der Briten vorstellen, noch sind uns die Gepflogenheiten des Wiener Hofes und der österreichischen Bürokratie vor zweieinhalb Jahrhunderten vertraut; gänzlich ungläubig stehen wir den Fährnissen einer Schifffahrt im 18. Jahrhundert gegenüber, die quer über die Weltmeere führte und oft viele Monate dauerte.

So kann aus der Lebensgeschichte eines einzelnen ebenso mutigen wie gerissenen Geschäftsmannes auf jene Strukturen und Alltagserfahrungen geschlossen werden, die sich nicht nur in London, Wien, Triest und Livorno, sondern auch in Moçambique und insbesondere in Kalkutta und Benares (Varanasi) abgespielt haben. Aus dem Hintergrund werfen weltpolitische Ereignisse wie der Siebenjährige Krieg (1757–1763) und der amerikanische Unabhängigkeitskrieg (1775–1783) ihre Schatten auf das Erleben der Menschen von damals.

1. WER WAR WILHELM BOLTS?

Wilhelm Bolts wurde am 7. Februar 1738 in Amsterdam geboren, war also von Geburt Niederländer. Seine Eltern, Sarah und Wilhelm Bolts, stammen aus Heidelberg, daher gab er sich bisweilen auch als Deutscher aus, obwohl er diese Sprache nicht beherrschte: Alle späteren Korrespondenzen mit dem Wiener Hof erfolgten auf Französisch. Niederländisch war jedenfalls seine Muttersprache. Mit 12 Jahren kam er nach England, sodass er sich später als von deutschen Eltern geborener Engländer (mit englischem Vornamen William) bezeichnete. Von 1753 bis 1754 arbeitete Wilhelm als Lehrling in einem Kaufmannsbüro, anschließend als Angestellter in der Lissabonner Niederlassung eines britischen Handelshauses, wo er sich hauptsächlich mit dem Diamantenhandel befasste. Beeindruckend ist seine Sprachbegabung, denn binnen Kurzem beherrschte er neben seiner Muttersprache auch Englisch, Portugiesisch und Französisch perfekt in Wort und Schrift, später erlernte er auch Bengali und Persisch sowie in Rudimenten sogar Suaheli. In Lissabon wurde Bolts Augenzeuge einer der schlimmsten Naturkatastrophen der Geschichte: Das Erdbeben vom Allerheiligentag, dem 1. November 1755, und der anschließende Tsunami zerstörten mehr als die Hälfte der Stadt; 30.000 von den 110.000 Einwohnern fanden den Tod. (Die Erdbebenwellen waren sogar in Wien bemerkbar, als während des Gottesdienstes im Wiener Stephansdom die Kronleuchter zu schwingen begannen, was sich damals niemand erklären konnte.). Von Bolts existiert keine Erzählung über das Geschehen, wie er es sah und wie er überlebte. Sein Hab und Gut verlor er allerdings. Vielleicht festigten sich in ihm gerade dadurch seine Abenteuerlust und die Gewissheit seiner eigenen Unantastbarkeit selbst bei größter Gefahr.

Was wissen wir von der Persönlichkeit Wilhelms? Eine treffende, wenn auch wenig schmeichelnde Personenbeschreibung gab

Erzherzog-Großherzog Leopold von Toskana 1775 (der spätere Kaiser Leopold II.) ab: *„Er ist ein Mann von unendlichem Talent, großer Aktivität und Lokalkenntnis der Sprachen und des Indienhandels, […] ein geschickter, kühner Unternehmer, aber ich glaube abenteuerlustig, schwärmerisch und von dem, was er darlegt und dasselbe schreibt, weder wahrheitsliebend noch aufrichtig. […] Ich glaube, alle seine Wege dienen nur seinem eigenen Interesse."*[1] Damit ist über ihn eigentlich alles gesagt: hochbegabt, gewandt im Umgang mit Fürsten, mit großem Verhandlungsgeschick ausgestattet, sehr selbstbewusst, phantasiereich und nicht immer aufrichtig. Dass ihn sein subjektives Rechtsempfinden bisweilen zu einem wahren Michael Kohlhaas werden ließ, wird noch zu zeigen sein. Bemerkenswert ist jedenfalls seine Akribie, mit der er alle ihn betreffenden Verträge, Zahlungen und Bilanzen festhielt und penibel aufbewahrte.

Im November 1759 heuerte Wilhelm Bolts bei der britischen East India Company (EIC) an. Er war erst 25 Jahre alt, als er im Sommer 1760 in Kalkutta landete. Über die Geschäfte von Bolts sind wir – vor allem durch seinen Briefwechsel mit der Kompanie[2] – besser unterrichtet als über sein Privatleben. Bekannt ist, dass er am 11. Februar 1764 die blutjunge **Ann Aston** heiratete. Er war 29 Jahre alt, sie angeblich erst 12 (aber in Indien heirateten die Frauen sehr früh). Über die Eltern der Braut wissen wir nichts, gewiss waren sie Briten. Die Ehe wurde in der St. John's Chapel in Kalkutta geschlossen (die Kirche stand in den Ruinen des alten Forts William und wurde 1787 abgebrochen). Wenn die Jahresangaben stimmen, so starb Ann 1821 mit 69 Jahren in Chandernagore (Chandannagar; Stadt am Hugli-Ufer, 35 km nördl.

---

1 Franz von Pollack-Parnau: „Eine österreichisch-ostindische Handelscompagnie 1775-1785" Ein Beitrag zur österreichischen Wirtschaftsgeschichte unter Maria Theresia und Joseph II., Stuttgart 1927, S. 19 f. (Original in französischer Sprache).

2 Abgedruckt bei: N. L. Hallward: „A Dutch Adventurer under John Company" Cambridge 1920 (N.D. 2015) (jeweils übersetzt vom Verfasser).

von Kalkutta). Aus der Ehe stammt ein Sohn, John Carel Bolts, der allerdings noch vor seiner Mutter und nur ein Jahr nach seinem Vater schon 1809 starb. Er muss der Stammvater einer großen Familie gewesen sein, denn anno 1908 gab es in Bengalen 25 Nachkommen von Bolts.

Wilhelm und Ann dürften nach ihrer Hochzeit nur zwei ungestörte Ehejahre miteinander verbracht haben, und zwar in Benares (Varanasi), wohin Bolts sich 1764 versetzen ließ. Sein inzwischen offen ausgetragener Zwist mit dem EIC-Gouverneur von Bengalen (ausführlich siehe unten) führte zu einer bizarren Begebenheit: Als dieser Bolts aufforderte, nach Kalkutta zurückzukehren und Bolts sich weigerte, wurde Ann auf Befehl der EIC von einem gewissen Isaac Sage entführt und in einer Art Wohnwagen in die „Heilige Stadt" Patna am Ganges (200 km östl. Benares) gebracht. In einem wütenden Brief vom 6. November 1766, den ihr vielleicht Bolts sogar selbst diktiert hatte, klagt sie, wie ihr als unschuldigem Opfer der Hausfrieden zerstört worden wäre.[3] Nach diesem Schreiben verliert sich für einige Jahre die Spur von Ann. Es ist nicht bekannt, ob sie dann nach Bolts' Rückkehr wieder zu ihm kam und ob sie bis zu seiner erzwungenen Abreise im September 1768 bei ihm geblieben war. Jedenfalls monierte Bolts, dass er durch seine Verhaftung und gewaltsame Einschiffung nach Europa „von seiner Familie" getrennt worden wäre. Neun Jahre sahen einander die Eheleute nicht. Erst nachdem Bolts 1777 als „Generaldirektor der kaiserlichen asiatisch-Triestiner Handelskompanie" sowie als „Oberstleutnant im Dienste der kaiserlichen Majestäten" nach Indien zurückkehrte, wird Ann als seine Begleiterin genannt und genoss mit ihm die Gastfreundschaft des französischen Konsuls in Surat, Monsieur Anquetil de Briancourt. Ob dieses Wiedersehen auf wenige Tage beschränkt blieb oder ob Ann ihren Gemahl noch mehrmals auf seinen ausgedehnten Fahrten begleitete, ist

---

3 Hallward a. a. O. S. 39 ff.

nicht bekannt. Spätestens 1781 trennten sich Wilhelm und Ann abermals und für immer. Wovon lebten Ann und ihr Sohn? Unterstützten sie ihre Eltern? Oder hinterließ ihnen Bolts ein entsprechendes Kapital? Wir wissen es nicht. Bolts machte auch als Direktor der „Societé Impériale pour le Commerce Asiatique de Trieste et d'Anvers" keine Anstalten, selbst noch einmal nach Indien zu fahren. Er hatte seinen Wohnsitz in Triest aufgeschlagen, reiste aber unstet zwischen Wien, Livorno, London, Paris, Antwerpen, Stockholm und Göteborg hin und her. Vielleicht hatte er in Paris versucht, ein neues Unternehmen zu gründen, das sich vermutlich abermals – so wie die gescheiterte österreichische Handelskompanie – als Konkurrent zur Britischen Ostindien-Kompanie positionieren sollte.[4] Doch der Krieg zwischen Frankreich und England (seit 1793) machte alle Handelsgeschäfte hinfällig: Zweimal vernichtete Englands Admiral Horatio Nelson (1758-1805) die französische Flotte. Erstmals 1802 bei Abukir, das zweite Mal 1805 bei Trafalgar. Damit waren die britische Seeherrschaft und ihr Seeweg nach Indien gesichert. Gegen die überwältigende Macht der britischen Flotte, welche alle französischen Häfen blockierte und französische, aber auch neutrale Handelsschiffe kaperte, kam keine andere Nation auf. Als Napoleon 1806 die Kontinentalsperre verkündete, förderte er zwar in den europäischen Staaten die Substitutionswirtschaft (Eigenproduktion statt Import), blockierte aber den Seehandel. Unter solchen Rahmenbedingungen hätte ein französisches, von Bolts geleitetes Schifffahrtsunternehmen keine Chance gehabt.

Die Schreckensjahre der Französischen Revolution (1793-1794) dürfte Wilhelm Bolts außerhalb Frankreichs verbracht haben. Von 1800 bis 1801 weilte er in England, danach in Lissabon und ab 1805 in Paris. Dort starb er „völlig verarmt" am 8. April 1808 in einem Krankenhaus. Er hatte ein für die damalige Zeit beachtliches Alter von 70 Jahren erreicht, was angesichts seiner

---

4 Hallward a. a. O. S. 201 f.

gefährlichen Reisen in ungesunden Klimazonen für seine unverwüstliche Konstitution spricht. Seine Biografie verdient Beachtung, auch wenn er als Geschäftsmann und Unternehmer scheiterte. Zu seiner Zeit erregte er bisweilen großes Aufsehen, aber die Historiografie würdigt ihn heute bestenfalls als Fußnote. Gleichwohl schuf er mit seiner ethnografisch-historischen Beschreibung von Indien („Gegenwärtiger Zustand von Bengalen", siehe unten) auch Bleibendes.

2. INNERE ZUSTÄNDE INDIENS IM 18. JAHRHUNDERT

Unter dem Begriff „Ostindien" verstand man lange Zeit alle Länder Asiens östlich von Iran und südlich von Tibet; sie erhielten diese sehr unpräzise Bezeichnung als Gegensatz zu den von Kolumbus entdeckten „Westindischen Inseln"; zur genaueren Definition unterschied man dann „Vorderindien", das Land südlich des Himalaya, östlich des Indus und westlich des Ganges–Brahmaputra-Deltas von dem im Osten gelegenen „Hinterindien", zu dem auch China zählte. Im ausgehenden 18. Jahrhundert siedelten in Vorderindien bereits geschätzte 150 Millionen Menschen verschiedenster Ethnien, Sprachen und Religionen. Die Mehrzahl bildeten die Hindus – der Buddhismus war in seinem eigentlichen Mutterland schon im 7. Jahrhundert bedeutungslos geworden. Da um die Jahrtausendwende der indische Subkontinent in verschiedene Regionalreiche aufgeteilt war, gelang es immer wieder moslemischen Fürsten in das Land einzufallen und sich der sagenhaften Reichtümer zu bemächtigen. Mit der Errichtung des Sultanats von Delhi um 1200 (Dynastie der Rajputen) begann die fünfhundertjährige islamische Herrschaft über Nordindien, wobei der territorialen Zersplitterung Indiens nicht Einhalt geboten werden konnte. Mit dem Ansturm der Mongolen unter **Timur Lenk** (Tamerlan 1336-1405) brach 1398 das Sultanat von Delhi zusammen. **Babur** (1483-1530), ein Nachfahre Timur Lenks, begründete die mongolische Dynastie der „Moguln" und schuf ab 1526 ein zusammenhängendes Kaiserreich, dem sich die meisten Maharadschas – oft gegen fürstliche Belohnung – unterstellten. Ein Großteil der Maharadschas bekannte sich zum Hinduismus, es gab aber auch Moslems unter ihnen. Großmogul (Kaiser) **Akbar** (1556-1605) übte sich in religiöser Toleranz, um die Machtstellung der Moslems trotz ihrer zahlenmäßigen Unterlegenheit (nur etwa ein Achtel der Bevölkerung) zu sichern. Von einem seiner Nachfolger, **Schah Jahan**

(1628–1658), stammt mit dem Taj Mahal (in Agra) das großartigste kulturelle Zeugnis jener Zeit. Dessen Sohn **Aurangzeb** (1658–1707) war allerdings ein religiöser Eiferer: In seiner rücksichtslosen Islamisierungspolitik ließ er Tausende Hinduheiligtümer zerstören, während er gewaltsam bis zum äußersten Süden Indiens vordrang. Doch dabei überdehnte er seine Macht, weil Revolten der kriegerischen Sikh (im Pandschab) sowie Feldzüge gegen die nicht minder kriegerischen Rajputen (heutiger Bundesstaat Rajasthan) und Marathen (heutiger Bundesstaat Maharashtra) die Finanzkraft des Reiches derart erschöpften, dass sich nach seinem Tod neue lokale Machtzentren bilden konnten. Den großen Umsturz brachte dann der persische Schah und Heerführer **Nadir Schah** (1688–1747): Er eroberte und plünderte im Jahr 1736 Delhi, brannte die meisten Wohnstätten nieder und ermordete einen Großteil der Einwohner. Auch ließ er den berühmten Pfauenthron und den Koh-i-Noor-Diamanten nach Persien bringen. Damit endete die unumschränkte Herrschaft der einst als unbesiegbar geltenden Moguln. Fortan fristeten sie nur mehr ein Schattendasein. Was ihnen blieb, war der großherrliche Titel, eine Pension und die Oberlehensherrschaft über die lokalen

Delhi, Rotes Fort. Palastfestung der Mogulkaiser. Foto Buchmann 1983

Machthaber. Das einstige Gesamtreich blieb zwar dem Namen nach bestehen, doch glich es nur mehr einem lockeren Staatenbund, in dem Anarchie und Empörung auf der Tagesordnung standen. Es begann ein eineinhalb Jahrhunderte währender allgemeiner Kriegszustand, in dem sich die lokalen Fürsten gegenseitig zerfleischten.

Die Masse der Bevölkerung Indiens hat die fast tausendjährige Knechtschaft unter fremden Eroberern groß im Dulden und Harren gemacht und hat ihr jede Hoffnung auf eine selbstständige Verbesserung des Daseins und Linderung des Leidens genommen. Aber sie hielt mit bewundernswerter Zähigkeit an ihrem alten Glauben fest und wehrte sich nicht gegen die Unfreiheit, die ihr das religiös begründete Kastenwesen aufzwang. Der durchschnittliche Inder lebte in seiner Götterwelt, er arbeitete hart, aber ineffizient, fristete sein Dasein und hoffte schicksalsergeben auf ein besseres nächstes Leben. Der Zeitzeuge Wilhelm Bolts gibt in seiner authentischen, zwar polemischen, aber zugleich wertvollen historisch-ethnografischen Darstellung „Gegenwärtiger Zustand von Bengalen" folgende Beschreibung:[5] *„Es gibt vielleicht kein Volk der Welt, das mit so viel Duldsamkeit, Mut und Unerschrockenheit die großen Drückungen erlitten hat wie die Inder. Die Strenge und die Martern, die sie sich zur Büßung ihrer Sünden aus frommem Religionseifer freiwillig auferlegten, sind unglaublich. Zuweilen sterben sie lieber unter der Folter und lassen sich zerstückeln, als dass sie ihre verborgenen Schätze anzeigen und dadurch ihre Familien in Armut versetzen. Selbst die Frauen, die von der Welt getrennt einsam leben, [...] geben Proben von Heldenmut und Unerschrockenheit [...] und weihen sich freiwillig [?] dem schmerzhaften Tode: Sie verbrennen sich lebendig auf dem Grabhügel ihres Gatten. [...] Alle Provinzen Bengalens schmachten unter dem Elend der Unterdrückung. [...] Gesetze*

---

5 Wilhelm Bolts: Gegenwärtiger Zustand von Bengalen. Aus dem Französischen mit Anmerkungen und Zusätzen von S. In zweyen Theilen. Leipzig 1780, S. 15, S. 25.

und Gerechtigkeit werden in diesem Lande verkannt, und die unglück-
lichen Inder finden nirgends einen Zufluchtsort. Sonder Zweifel würden
die Ackersleute und Manufakturisten, die den größten Teil der Einwoh-
ner ausmachen, sich gern einer Regierung unterwerfen, die sie mit eini-
ger Menschlichkeit behandelt und ihnen ein ruhiges Leben für die Früch-
te ihrer Arbeiten verschaffte."

Spätestens bei dieser Situationsschilderung erhebt sich die Frage, warum sich die Entwicklung Indiens so sehr von jener Europas unterschied. Denn es gab auch Gemeinsamkeiten: Beide
Subkontinente waren in viele einzelne Reiche geteilt, die jeweils
danach trachteten, sich auf Kosten der anderen mit militärischen
Mitteln zu vergrößern; beide waren in konfessioneller Hinsicht
gespalten, in beiden tobten blutige Religionskriege (z. B. Europa: Dreißigjähriger Krieg 1618-1648, Indien: Glaubensfanatismus
des oben erwähnten Aurangzep 1658-1707), in beiden Regionen
waren die Bauern damals noch großteils unfrei und litten unter
der Abgabenlast, die ihnen in Europa die Grundherren, in Indi-
en die Steuerpächter abverlangten, in beiden gab es ein blühen-
des Handwerk auf hohem Niveau und einen blühenden Handel.
Aber es gab auch entscheidende gegensätzliche Entwicklungen.
Das abendländische Gesellschaftssystem ermöglichte selten aber
doch den sozialen Aufstieg, das indische Kastenwesen hingegen,
dem alle Hindus (nicht hingegen Moslems, Sikhs und andere re-
ligiöse Minderheiten) unterworfen sind, ist gesellschaftlich absolut undurchlässig. Die Erlösung finden die Hindus, die an den
Kreislauf der Wiedergeburten (Samsara) gebunden sind, erst in
der vollkommenen Auslöschung, die abendländischen Christen
hingegen finden die Erlösung nach nur einmaligem Leben bei
Gott. Gute Werke sind bei den Hindus Voraussetzung für ein
besseres Dasein im nächsten Leben (gutes Karma), im Abendland haben wohl auch die guten Werke ihren Stellenwert, seit
Martin Luther (1483-1546) aber vor allem der Glaube, und seit
der Neuzeit hat das protestantische Arbeitsethos einen Wandel
in der Mentalität hervorgerufen: „Arbeit ist gleich Gottesdienst".
Das führt zu einer anderen Lebenseinstellung: Der Europäer will

etwas leisten, er will „brennen", der Inder hingegen will „verlöschen". Nichtsdestoweniger brachte die indische Kultur großartige Leistungen in Literatur, Baukunst und Mathematik hervor, Leistungen, die sich mit zeitgleichen Errungenschaften in Europa durchaus messen können. In einigen Bereichen eilte Europa den Indern jedoch voraus: Seit Beginn der Neuzeit förderten manche europäischen Herrscher die Bildung des Volkes durch Gründung von Schulen und Universitäten (allgemeine Schulpflicht in Österreich 1774, in Indien erst 2009). In den europäischen Städten genossen die Bürger schon seit dem Mittelalter ein gewisses Maß an Rechtssicherheit und Eigentumsgarantie (durch die von den Bürgern gewählten Stadtrichter und Bürgermeister), sodass sie vor unrechtmäßigem Zugriff des Landesherrn oder des Adels geschützt waren; dadurch konnte sich eine wohlhabende bürgerliche Unternehmerschicht (Patrizier) bilden, welche das Zeitalter der Erfindungen und Entdeckungen einleitete. Auch in Indien gab es Handelsbürger (Marvani-Kaste), denen beispielsweise der schwungvolle Karawanenhandel entlang der Seidenstraße zu großem Reichtum verhalf – ihre prachtvollen Wohnhäuser (Havelis) finden in Europa nicht ihresgleichen. Manche Kaufleute kommandierten sogar ganze Handelsimperien, wie Mullah Abdul Ghafur aus Surat, der im beginnenden 18. Jahrhundert mit seiner aus 17 Schiffen bestehenden Flotte einen schwunghaften Handel zwischen Mokka (Al Moucha, heutiges Jemen) und Manila (Philippinen) betrieb. Nur gelang den Indern kein Absprung zu jener Phase der Erfindungen und Entdeckungen, die das Abendland so mächtig gemacht haben. Vielleicht fehlte ihnen die Neugierde eines Galileo Galilei (1564-1642), wohl war auch das gesellschaftliche und soziale Umfeld nicht dazu angetan. In Europa sorgte sich der Staat um eine Verbesserung von Infrastruktur und Wirtschaft. Bahnbrechend wirkte der französische Staatsmann Jean-Baptiste Colbert (1619-1683), der mit der Einrichtung des Merkantilismus das erste staatlich gelenkte Wirtschaftssystem schuf; andere europäische Staaten folgten alsbald diesem Beispiel. Schon in der Frühneuzeit haben die Gedankengänge des Humanismus das menschliche Individuum in den Mittelpunkt der Betrachtung gestellt und die Trennung von Kirche und Staat gefordert. Konsequent fortgedacht führte dies im 18. Jahrhundert zur Aufklärung, der größten geistigen Errungenschaft der Menschheit – so sagen zumindest die Europäer. Denn eine Aufklärung hat es ausschließlich in Europa gegeben, in Indien wäre sie undenkbar gewesen, denn sie hätte die Weltordnung der Brahmanen und das Kastenwesen zertrümmert. In China stünde einer Aufklärung der Geist des Konfuzianismus entgegen.

Wie die Geschichte sich weiter entwickelte, ist nicht mehr Gegenstand dieser Erzählung, denn Wilhelm Bolts lebte im Zeitalter des aufgeklärten Absolutismus; nur so viel sei über den Fortgang der Geschichte nach ihm gesagt: Der Merkantilismus mit dem (korruptionsanfälligen) System von Privilegien und Monopolen wurde gegen Ende des 18. Jahrhunderts vom Physiokratismus abgelöst: Nun wurde der Rückzug des Staates aus dem Wirtschaftsleben gefordert, sodass sich die Wirtschaftstreibenden selbstständig entwickeln konnten und die Industrielle Revolution, den berühmten „take off", einleiteten. Dieser Vorgang ist in der Weltgeschichte einzigartig und konnte nur in Europa stattfinden. In Indien baute die britische East India Company seit 1764 einen Territorialbesitz auf (siehe unten) und machte sich nach und nach zur Herrin ganz Indiens; die „Pax Britannica" bescherte der von den vielen Kriegen leidgeprüften Bevölkerung eine Phase innerer Erholung. 1857 wurde das Mogulreich formell aufgehoben und der britischen Krone unterstellt. Es ist bemerkenswert, dass die Britenherrschaft in der indischen Kultur und Gesellschaft keine Spuren hinterlassen hat; denn die Briten haben zwar aus Profitgründen die Infrastruktur ausgebaut, aber nicht in das innere Gefüge des Landes eingegriffen, sie unternahmen auch keine Missionsversuche. Nach dem Prinzip „divide et impera" spielten sie die Maharadschas gegeneinander aus und diese ließen sich aus purem Adelsegoismus von den Briten kaufen. Angesichts der rivalisierenden Teilfürstentümer konnte sich vor dem 20. Jahrhundert kein indisches Nationalgefühl bilden.

Indiens Hilflosigkeit gegenüber ausländischen Mächten wie den Mongolen, Persern und Afghanen und zuletzt den europäischen Handelskompanien begründet Wilhelm Bolts folgendermaßen:[6] *„Indostan legte sich seit undenklichen Zeiten auf den Ackerbau und Manufakturen, die hier zu einem hohen Grad an Vollkommenheit stiegen. Hierdurch wurde es auf eine unglaubliche Art reich und bevölkert. Aber da dies unermessliche Land den Handel mit fremden Nationen vernachlässigte, war es in einer Menge von Dingen unwissend, die viel zu seiner Glückseligkeit würden beigetragen haben. Und weil es sich nicht auf Schifffahrt und Künste legte, so wurde es nie so mächtig, sich von den Anfällen seiner Feinde in Sicherheit zu bringen. […]"*

Das Hauptübel von Indiens Rückständigkeit gegenüber Europa sieht Wilhelm Bolts in der unglücklichen Einrichtung der Steuerpacht und in der alle Sparten des Lebens durchdringenden Korruption. Das indische System war derart kompliziert, dass es ein Außenstehender kaum durchschauen konnte. Als Angestellter der Britischen Ostindien-Kompanie und selbstständiger Handelsmann hatte Bolts jedoch einen tieferen Einblick in die inneren Verhältnisse des Landes gewonnen:[7] *„Vor der großen Umwerfung des Landes [1736] gehörten alle Einkünfte dem Kaiser [Großmogul], ausgenommen von denjenigen Distrikten, die einige Großen des Hofes als Nutzung bekommen hatten – Jagueerdars wurden solche Leute genannt – oder welche zu frommen Stiftungen bestimmt waren. Der Mogul verpachtete die Einnahmen der Einkünfte vom Überrest des Landes. Diejenigen, denen er diesen Posten auftrug, hießen Oberaufseher, Pächter der Einkünfte, Statthalter usw. Man ordnete sie in verschiedene Klassen, als in Rajahs, Soubabs, Nazims, Nabobs, Zemindars usw. Sie ermangelten nicht, beständig mehr einzunehmen als ihnen bestimmt war. Dessen ungeachtet taten dem die Offiziere des Dewan oder Generaleinnehmer der kaiserlichen Einkünfte nicht Einhalt, solange sie die Summen, die in den Kornregistern der Provinz auferlegt waren, ordentlich bezahlten*

---

6 Bolts a. a. O. S. 2.
7 Bolts a. a. O. S. 255 ff.

und den Dewans oder anderen großen Bedienten am Hofe Geschenke machten, um sie in ihr Interesse zu ziehen. Rajahs *sind Prinzen, welche von den alten heimischen Königen abstammen. Die Moguln, welche entweder nach den Grundsätzen der Billigkeit oder der Politik immer Ehrerbietung von ihnen hatten, ließen sie und ihre Familien ihre Distrikte als Erbbesitzungen genießen. Aber in den letzten Jahren haben sie sich doch das Recht angemaßt, neue Rajahs zu ernennen [...]. Einige Rajahs von uraltem Stamme besitzen noch dieselbe Würde in den Gegenden, welche unter der Herrschaft der britischen Kompanie stehen. Die* Zemindars *und die Statthalter der Provinzen, die man* Soubabs, Nabobs *oder* Nazims *nennt, sind die Pächter. [...]*

Es gibt noch eine geringere Art von Pächtern, die ihre Ländereien von der Regierung haben. Man nennt sie Chowdris, Talootdars *und* Emaundars. *Sie müssen von den Einkünften ihrer Ländereien den Obereigentümern Rechnung ablegen. Die großen und kleinen Pächter vermieten ihre Ländereien wieder an Unterpächter. Diese Unterpächter überlassen sie wieder vermittelst einer gewissen Summe den* Ryots *oder armen Arbeitern und Manufakturisten. [...]*

Bauernhaus im Dekkan. Foto Buchmann 1994

Man setzt in jedem Distrikt eine Kutscherey *oder einen Hof, der zu der Eintreibung der Abgaben beordert ist, ein. Und wenn die Bezahlung der Ryots ausbleibt, so werden sie mit viel Grausamkeit und Strenge bestraft."* Immerhin war es üblich, dass die Nabobs den kleinen Pächtern Kredite gewährten, um die unterste Gattung der Landarbeiter zu schützen: Mit diesem Geld wurde Vieh gekauft oder es wurden Bewässerungskanäle angelegt, andernfalls hätten die Äcker oft gar nicht bestellt werden können.

Indiens Unglück begann, so Bolts, nicht erst seit der Einflussnahme europäischer Handelskompanien, sondern mit der Zerschlagung des Mogulreiches durch (den oben erwähnten) **Nadir Schah** anno 1736, denn die *Nabobs* oder *Soubabs*, ehemalige Provinzstatthalter, nutzten den Niedergang der Mogulherrschaft, indem sie sich selbstständig machten, sich dabei nicht um die alten Erbrechte der *Rajahs* und *Zemindars* kümmerten und die königliche Gewalt über ihre Distrikte usurpierten. Diesen von Bolts beschriebenen Zustand machten sich die rivalisierenden europäischen Mächte – vornehmlich Großbritannien und Frankreich – zunutze, indem sie die lokalen Machthaber gegeneinander ausspielten.

3. HANDELSKOMPANIEN

Der Portugiese Vasco da Gama (1468-1524) landete 1498 als erster europäischer Seefahrer in Indien, bei seiner zweiten Seereise gründete er 1502 in Cochin an der Malabarküste eine Faktorei; binnen weniger Jahre folgte ein Netz weiterer Faktoreien, das fortan die Schifffahrt vom Persischen Golf bis zur malaiischen Halbinsel Malakka kontrollierte. Lissabon hatte ein Seereich im Indischen Ozean aufgebaut. Da die Portugiesen aber ihr Hauptaugenmerk auf den Handel und nur in geringem Maße auf den Territorialbesitz legten (Goa bis 1961 portugiesisch), konnten sie sich nicht auf Dauer gegen die 1602 gegründete *Vereinigte Niederländische Ostindien-Kompanie* durchsetzen; diese machte das 1619 gegründete Küstenfort Batavia (Jakarta) zu ihrem asiatischen Hauptstützpunkt. Eineinhalb Jahrhunderte später verdrängte die britische *East India Company* (EIC) die Niederländer. Die EIC baute 1612 ihre erste Niederlassung in Surat (240 km nördl. von Bombay) auf, nachdem dort zuvor ein portugiesisches Geschwader vom britischen Kapitän Thomas Best besiegt worden war. Es folgten englische Niederlassungen in Madras (1639), Bombay [Mumbai] (1668) und Kalkutta (1690), nach und nach entstand eine Linie von Stützpunkten entlang der gesamten Küste.

Das Kernelement der britischen (und der anderen europäischen) Handelsvertretungen in Indien bildeten die **Faktoreien,** wo einheimische Güter (vor allem Pfeffer, Tee, Baumwolle und Seide) erworben und Importe aus dem europäischen Mutterland verkauft werden konnten. An wichtigen Orten wurden die Faktoreien sogar zu Festungen ausgebaut, andernorts bildeten sie schlichte Warenlager. Jeden dieser Umschlagplätze leitete ein Faktor als Angestellter der Kompanie. Bald gaben die Faktoreien selbst Produktionsaufträge an einheimische Produzenten, gewährten auch Kredite und vermittelten neue Produktionstechniken, sodass sich im Umkreis solcher Faktoreien zahlreiche heimische Manufakturbetriebe niederließen. Allerdings diktierten die Faktoreien auch die Preise und schufen Abhängigkeitsverhältnisse, denen sich die ortsansässige Bevölkerung nicht mehr entziehen konnte (siehe unten).

Unter den Auspizien des französischen Finanzministers Colbert (siehe oben) wurde 1764 die „Compagnie des Indes Orientales" gestiftet, allerdings nicht als freie Handelsgesellschaft, sondern gemäß den Prinzipien des Merkantilismus als staatliche Anstalt. Ihre Stützpunkte waren Pondicherry (1674), Surat (1675; seit 1612 waren dort allerdings auch die Briten ansässig) und Chandannagar (1688; bis 1951 französisch; Lage 35 km nördl. von Kalkutta). Das an der Koromandelküste gelegene Pondicherry wurde zum Hauptort der Kompanie ausgebaut. Die Konkurrenz zwischen Briten und Franzosen mündete seit 1740 in bewaffneten Auseinandersetzungen, weil der Gouverneur von Pondicherry, **Joseph-Francois Dupleix** (1697-1763), der britischen Ostindischen Kompanie den Rang als Vormacht in Indien streitig gemacht hatte: Als die Franzosen 1746 Madras eroberten, eskalierte der britisch-französische Kolonialkrieg. Die Franzosen bemächtigten sich handstreichartig der britischen Niederlassungen an der Koromandelküste und machten 1750 den Briten auch das Ganges-Brahmaputra-Delta durch ihre Faktoreien in Chandannagar und 200 km östlich davon in Dhaka (Dacca) streitig. Gleichzeitig tobte in Europa der Siebenjährige Krieg (1756-1763) zwischen Österreich und Frankreich einerseits, Preußen und England andererseits. Und in Amerika kämpften Franzosen gegen Engländer im „French-Indian-War" (1754-1763) um den Besitz der Prärie. So wie sich die Franzosen in Amerika mit den Indianern verbündeten, setzten sie auch in Indien auf die Hilfe von einheimischen Machthabern; sie gewannen im Dekkan den Sultan von Mysore (Haidar Ali, siehe unten) sowie den Nizam (Ehrentitel des Maharadschas) von Hyderabad und in Hindostan die kriegerischen Marathen (siehe unten) für sich.

Am 31. Dezember 1600 wurde durch ein Privileg der britischen Königin Elisabeth I. (1558-1603) die „Governors and Company of

Merchants of London Trading into the East Indies", die nachmalige **East India Company** (EIC), gegründet. Sie erhielt ein zunächst auf 15 Jahre bemessenes (und danach immer wieder verlängertes) Privileg für den Handel in Asien, Afrika und Amerika, also mit Plätzen, welche zwischen dem Kap der Guten Hoffnung und der Magellanstraße liegen. Die Kompanie war als Aktiengesellschaft konzipiert, wobei eine Aktie den Nennwert von 500 £ (Pfund Sterling) aufwies, das Anfangskapital betrug 72.000 £. Zu Beginn standen nur fünf Schiffe zur Verfügung. Neun Aktionäre mit dem größten Aktienanteil durften die Generalversammlung einberufen und genossen darin das Stimmrecht. Sie wählten das 20-köpfige *Direktorium*, das in der Londoner Leadenhall Street seinen Sitz aufbaute. Laut Bolts[8] erfolgte die Wahl großteils durch Bestechung, sodass die Kompanie nicht demokratisch, sondern oligarchisch regiert wurde. Die Direktoren ernannten den *Gouverneur* als ihren verlängerten Arm in Indien, sie selbst blieben in England und waren nicht zuletzt wegen des langen Fahrtweges über das unmittelbare Geschehen in Indien nur bedingt informiert. Im Jahr 1608 traf eine britische Gesandtschaft am Hof des Großmoguls Jahangir (1605-1627) ein und erwirkte das Recht, an bestimmten Orten Handelsniederlassungen zu gründen. Dies war allerdings erst nach dem Seesieg über die Portugiesen bei Surat 1612 möglich. Damit begann die Expansion der britischen Kompanie entlang der indischen Küsten. In den folgenden beiden Jahrhunderten entwickelte sich die EIC – trotz mancher Mängel und Rückschläge – zum weltweit erfolgreichsten und mächtigsten Handelsunternehmen der Geschichte.

1640 verlieh König Karl I. (1625-1649) der Kompanie das Recht, in Indien die Zivilgerichtsbarkeit und die Militärgewalt auszuüben sowie das Recht, mit den Einheimischen Krieg zu führen und Frieden zu schließen. König Jakob II. (1685-1689) gestattete ihr, Festungen zu bauen (um mit den Niederländern gleichzuziehen),

---

8 Bolts S. 353

Truppen auszuheben, Kriegsgerichte zu halten und Münzen zu schlagen. Damit genoss die Kompanie in ihrem Einflussbereich einige königliche Regalien, also eine Herrschaftsgewalt, die nur dort ihre Grenzen fand, wo sie auf innerindischen Widerstand oder auf ausländische Konkurrenz stieß – oder auf den Neid der Londoner Kaufleute, die ebenfalls mit Indien Geschäfte machen wollten. Nach deren erfolgloser Intervention vor dem britischen Parlament (1691) erhielten sie sogar im Jahr 1698 die Erlaubnis, eine eigene zweite Handelskompanie zu gründen. Alle Beteiligten sahen bald die Sinnlosigkeit dieser hausgemachten Konkurrenz ein, sodass 1708 die beiden Kompanien zur *United India Company* fusionierten. Neue Aktien zu dem Nennwert von 500 £ wurden ausgeschüttet, die nunmehr 24 Direktoren durften nur gewählt werden, wenn sie jeweils vier Aktien besaßen.

Kaiser Aurangzeb (1658-1707) hatte damit begonnen, den Briten gegen eine jährliche Rente immer mehr Rechte zu gewähren. Ein kaiserliches Patent (farman) seines Nachfolgers Farrukhsiyyar von 1717 befreite die britische Kompanie gegen eine jährliche Zahlung von 10.000 Rupien im ganzen Mogulreich von allen Abgaben. Da der Binnenhandel der Briten anfangs noch in bescheidenem Rahmen blieb, musste der Großmogul damals noch nicht um seine Einnahmen, sein Ansehen und seine Macht fürchten. Doch das sollte sich bald ändern, zumal in der Folge zahlreiche europäische Händler, die gar nicht Angestellte der Kompanie waren, dieses Privileg auch für sich in Anspruch nahmen. Dass sich die englisch-französische Handelsrivalität bald nur mehr mit militärischen Mitteln beilegen ließe, haben die Franzosen 1746 eindrucksvoll bewiesen. Die Verschränkung von Handel und Krieg kennzeichnete die merkantilistische Politik europäischer Großmächte. Daher entschloss sich acht Jahre später das Londoner Parlament, zur Wahrung der britischen Interessen ein königliches Regiment nach Madras zu entsenden; dieses musste sich aber rasch von dort einschiffen, um das bedrängte Kalkutta zu entsetzen (siehe unten). Auch in Zukunft erwiesen sich solche Land-See-Operationen als äußerst günstig für die britische

Kriegsführung, weil die Fußsoldaten mit Hilfe der Royal Navy äußerst mobil einsetzbar waren.[9]

Kalkutta liegt im Ganges-Brahmaputra-Delta, am linken Ufer des westlichsten, schiffbaren Hauptarmes des Ganges, des Hugli (Hooghly-River). Von dort sind es etwa 130 km zu dessen Einmündung in den Golf von Bengalen und 225 km zum offenen Meer. Die Stadt wurde 1690 gegründet, war ab 1707 Verwaltungssitz und von 1773 bis 1912 Sitz des Generalgouverneurs der Ostindischen Kompanie. Den Ursprung der heutigen Megacity bildeten die drei Dörfer Kalikata, Sutanuti und Govindapur mit nur wenigen Hundert Einwohnern. Kaiser Aurangzeb hatte 1696 der britischen Handelskompanie daselbst die Errichtung einer befestigten Faktorei erlaubt, die **„Fort William"** genannt wurde. Die Gunst der Hafenlage überwog gegenüber der Ungunst des Klimas, sodass sich rund um das Fort nicht nur Europäer, sondern auch Inder und armenische Kaufleute niederließen. Aber nicht jedem Europäer bekamen Hitze, Luftfeuchtigkeit und Krankheiten gut: Allein von den 110 Schreibern der Kompanie, die in den Jahren 1760 bis 1769 nach Kalkutta gingen, starben 35 (16 %) in den ersten fünf Jahren, von diesen 35 überlebten 24 (68 %) nicht einmal die ersten zwei Jahre.[10]

Die Provinz Bengalen zählte Mitte des 18. Jahrhunderts etwa 13 Millionen Menschen. Gleich in seinem ersten Regierungsjahr 1756 griff der erst 23-jährige Nabob (Provinzherrscher) von Bengalen, **Siraj ud daulah**, die Faktoreien der britischen Kompanie an und eroberte die damals noch kleine Siedlung Kalkutta und das Fort; die Engländer flohen auf ihre Schiffe, einige Briten (die Angaben

---

9 Ausführliche Beschreibung über die Zustände in Ostindien siehe: Michael Mann: Bengalen im Umbruch. Die Herausbildung des britischen Kolonialstaates 1754-1793 = Beiträge zur Kolonial- und Überseegeschichte 78, Stuttgart 2000.

10 Mann S. 84.

schwanken zwischen 39 und 64 Personen) konnten nicht mehr entkommen und wurden in der berüchtigten „Schwarzen Höhle", einem winzigen Kerkerraum im Fort William, eingesperrt. Nur 23 überlebten. Die Nachricht darüber formte sich aus zur Legende über das britische Märtyrertum und die Grausamkeit der orientalischen Tyrannen. Dieser Angriff erfolgte übrigens keineswegs unerwartet, vielmehr veranlasste ihn das undiplomatische, eigentlich impertinente Verhalten des Gouverneurs Roger Drake, gepaart mit der Notwendigkeit, aufrührerische Magnaten im eigenen Machtbereich des Nabobs wieder unter Kontrolle zu bringen. Aber diese Rechnung ging nicht auf, wie unten zu zeigen sein wird. Mit dem aus Madras per Schiff (Admiral Charles Watson) herangeführten britischen Regiment vertrieb der Militärbefehlshaber **Lord Robert Clive** (1725-1774) den Nabob schon nach wenigen Kanonenschüssen.

Kurz noch zur weiteren Entwicklung von Kalkutta: Auf Veranlassung von Robert Clive wurde 1758 ein neues „Fort William" errichtet (das alte Fort wurde nunmehr als Zollhaus genützt). Die 1781 vollendete Anlage gleicht einer frühneuzeitlichen bastionierten Festung mit sternförmigem, achtseitigem Grundriss, gesichert durch einen breiten Graben, der auch geflutet werden konnte, und durch eine große Grünfläche („Maidan"), welche die Mauern wie ein Glacis vor Direktbeschuss schützte. Einer modernen europäischen Kriegsführung hätte diese Fortifikation damals nicht mehr standgehalten, für indische Verhältnisse genügte sie anscheinend, denn seit ihrer Fertigstellung wuchs Kalkutta stark an und zählte Ende des 18. Jahrhunderts schon über 10.000 Einwohner. Die Briten sorgten dafür, dass der von ihnen bewohnte Stadtteil nördlich des Forts mit Gouverneurspalast, Stadthaus, Gerichtshof und je einer anglikanischen und einer presbyterianischen Kirche bald europäisches Gepräge annahm. Nördlich der Europäersiedlung, in der sich auch das Haus von Wilhelm Bolts befand, breitete sich die Elendssiedlung der Einheimischen aus.

Der oben genannte **Siraj ud daulah** rückte noch einmal gegen Kalkutta vor, wurde aber zurückgetrieben und musste einen

Traktat unterzeichnen, der alle Besitzungen und Rechte der Kompanie bestätigte. Es war dies der erste Traktat zwischen dem Nabob von Bengalen und der Kompanie. Laut Wilhelm Bolts hätte der Nabob über eine riesige Armee von angeblich 50.000 Fußsoldaten, 20.000 Reitern und 30 großen Kanonen geboten[11], für diesen Feldzug standen ihm allerdings nur etwa 10.000 Mann zur Verfügung. Aber auch denen wären die 3.000 britischen Soldaten selbst bei bester Führung nicht gewachsen gewesen. Doch Robert Clive hasardierte und beschloss im Sinne der Kompanie, Siraj ud daulah ganz zu vertreiben und mit einem Schlag auch die Franzosen aus dem Land zu jagen, welche vom Nabob die gleichen Privilegien wie die Briten erhalten hatten. Denn mit Frankreich war England bekanntlich verfeindet: Wie erwähnt tobte in Europa der *Siebenjährige Krieg* (1756-1763) zwischen Großbritannien und Preußen auf der einen und Frankreich und Österreich auf der anderen Seite. In Nordamerika kämpften die Briten im *French-Indian* War (1755-1763) um den Besitz des Mittleren Westens. Und in *Indien* fochten sie um die Provinz Bengalen. Dort erleichterten der Kompanie die inneren Wirren um den Nabob die Durchführung ihres Vorhabens. In der **Schlacht von Plassey** (Palashi; 23. Juni 1757) siegte Robert Clive über die durch Verrat geschwächten bengalischen Truppen. Staatsstreichartig setzte er mit Mir Jafar einen neuen Nabob ein, ließ sich von diesem sogar die Kriegskosten bezahlen und durch weitere erzwungene Traktate neue Besitzungen und Einkünfte für die East India Company zusichern. Bei dieser Gelegenheit konnten sich auch die leitenden Angestellten der Kompanie ungehindert bereichern. Siraj du daulah war der letzte unabhängige Nabob Bengalens. Sein Ende markiert den Beginn der Herrschaft der britischen Kompanie in Nordindien. Sobald sein Nachfolger Mir Jafar eine Allianz mit den Holländern eingehen wollte, setzten ihn die Briten ab und installierten dessen Schwiegersohn Mir Qasim als Nabob von Bengalen (1760-1763). Die Nabobs wechselten einander auch in der Folge rasch ab, sie gerieten

---

11 Bolts a. a. O. S. 81 ff.

in völlige Abhängigkeit vom Gouverneur und dem Rat in Kalkutta, mussten zur Kontrolle ständig einen englischen Offizier unter dem Titel „Resident" an ihrem Hof in Murshidabad dulden und schließlich auch die „Diwani", das war das Recht auf Steuereinzug und auf Verwaltung der Zivilgerichtsbarkeit, den Engländern gegen eine jährliche Pension ganz übergeben (1765, siehe unten). Sie behielten nur den Titel „Nabob", wofür sie dem Großmogul rund die Hälfte ihrer Pension zu zahlen hatten.

Clives Sieg von Plassey beendete nicht nur die Unabhängigkeit des Nabobs von Bengalen, sondern auch die Präsenz der französischen Handelskompanie in Nordindien (sie wurde 1770 gänzlich liquidiert). Der Grundstein für die britische Herrschaft in Indien war gelegt. Zunächst hatte die Kompanie allerdings enorme Kriegskosten zu schultern, während sich gleichzeitig die Handelsgeschäfte verringerten. Ein letzter Widerstand vereinter nordindischer Herrscher scheiterte im Oktober 1764 in der Schlacht von Buxar (General John Carnac, 1716-1800), sodass von nun an die Kompanie als unübersehbarer militärischer Machtfaktor in Nordindien galt. Insbesondere der Großmogul **Shah Alam II.** (geb. 1728 mit dem Namen Ali Gohar, Kaiser 1759-1806) sah sich in totaler Abhängigkeit der Kompanie, da er angesichts ständiger Angriffe von Lokalpotentaten und insbesondere der Marathen von ihr nicht nur finanzielle, sondern auch militärische Hilfe benötigte. Dieser 17. Großmogul verfügte über keine persönliche Macht mehr, er genoss nur den Herrschertitel über ein zerfallendes Reich. Lord Robert Clive nutzte diese Situation reichlich aus. Er hatte sich bereits den Ruf eines erfolgreichen Heerführers, allerdings auch den eines korrupten und sich maßlos bereichernden Briganten erworben. Das Direktorium in London stattete ihn 1764 mit unbeschränkten Vollmachten zur Wiederherstellung der Ruhe in Bengalen aus und ernannte ihn 1765 zum Gouverneur der Kompanie. Am 12. August 1765 erpresste er im Namen der Kompanie vom Großmogul Shah Alam II. die „Diwani", also das Recht der Steuereintreibung, und das nicht nur in Bengalen, sondern auch in den Provinzen Nord-Orissa und Bihar. Damit war ein erster Eckpunkt für die Etablierung eines künftigen Kolonialregimes gesetzt.

Die komplexen Verhältnisse in Indien beschreibt Bolts wie folgt:[12] Der Nabob [nawab] war ursprünglich ein Provinzstatthalter und kommandierte als „Subab" den militärischen und zivilen Bereich. *„Der Kaiser* [Großmogul] *ist im Besitztum der Ländereien, folglich auch ihrer Einkünfte. Er hält in jeder Nabobie einen Diwan* [Minister]*, der dem [Staats]Schatz zu Delhi über die Einkünfte, so wie sie im Register der Krone aufgezeichnet sind, Rechenschaft ablegt."* Angesichts der schweren Unruhen herrschten die Großmoguln nur mehr kraft der Gnade der Kompanie und waren allgemein Gegenstand von Spott und Verachtung. *„Aus all dem fließt, dass die letzte Zeit hier keine Kaiser oder Großmoguln da gewesen sind, dass das ganze Reich durch innere Spaltungen zerrüttet ist, dass keine Gesetze stattfinden als die, welche der mächtigste Usurpator* [Nabob] *gibt, und endlich, dass [...] nicht einer, sondern tausend Tyrannen Indostan unterdrücken und dass das Wehklagen der unglücklichen Inder Gott und Menschen um Mitleid anfleht."* Nach der sukzessiven Entmachtung der Nabobs wurde die Kompanie unumschränkte Herrscherin des Landes, und die Nabobs waren nichts anderes mehr als Werkzeuge der Kompanie. Sie behielten nominell ihre Steuerverwaltung, doch wurde diese von den Beamten der Kompanie überwacht –, was aber breiten Spielraum für Unterschlagung und Steuerhinterziehung offenließ.

Bolts verurteilt das Steuersystem scharf:[13] *„Unter dem Despotismus der unrechtmäßigen Herrscher, die sich des Landes bemächtigen, ist das Eigentum so wankend und ungewiss geworden, die Auflagen und die Art, sie einzutreiben, sind so belastend, die Tyrannei hat so viele Vorwände ausstudiert, dieselben zu erhöhen, die Raubsucht der [Geld]Wechsler, der Einnehmer und anderer Bedienten in den Kutschereyen* [Cutcherry, siehe unten] *haben die Einkünfte so verworren gemacht, dass es schwer*

---

12 Bolts a.a.O S. 69 ff.
13 Bolts a. a. O. S. 263 f.

sein würde, den gegenwärtigen Zustand der Einkünfte zu bestimmen. In der Lage, worin sich Bengalen befindet, mitten unter der schlechten Verwaltung der Regierung, ist es denen, die bei diesem Posten angestellt sind, sehr leicht, alle Arten von Erpressungen und Spitzbübereien zu verüben. [...] Alle Arten, die man bei Eintreibung der Einkünfte beobachtet, scheinen nur erfunden zu sein. [...] Der englische Einnehmer kann den Betrug nie entdecken, wenn er die bengalische Sprache nicht lesen und schreiben kann." Bolts freilich war der bengalischen Sprache kundig, was ihn ganz wesentlich von den meisten anderen Angestellten der britischen Kompanie unterschied und ihm selbst einem enormen Handelsvorteil bescherte – er bewegte sich in dem verworrenen System buchstäblich wie ein Fisch im Wasser. Grundsätzlich war das Steuersystem hierarchisch aufgebaut, aber absolut undurchschaubar:[14] Der Nabob leitete formell die Distriktverwaltung und setzte den Zemindar [Zamindar] ein: Der Zemindar und sein Hof, die Kutscherey [Cutcherri, Kachari, Kacheri], waren nicht nur für die Steuereintreibung zuständig, sondern regelten auch zivile und strafrechtliche Angelegenheiten; sie hatten die Gewalt zur Verhängung von Geldstrafen, Haft und sogar Auspeitschungen; in Kriminalfällen erfolgte deren Urteilsspruch unmittelbar nach der Anhörung. Als Steuereintreiber wurde der Zemindar allerdings nicht unmittelbar tätig, vielmehr verpachtete er die Steuereinzugsrechte an den Meistbietenden weiter, und dieser presste aus den Bauern die höchstmöglichen Beträge heraus, um einerseits Nabob und Zemindar, andererseits die eigenen Bedürfnisse zu befriedigen. Bisweilen erschlichen sich Kompanieangestellte unter einem fiktiven indischen Namen das Steuerrecht. Um nicht belangt zu werden, entrichteten sie entsprechende Geldgeschenke an die Spitze der Verwaltung in Kalkutta. Die geplagten Bauern zahlten übrigens nicht nur die Grundsteuern, sondern auch Sondersteuern („abwab") für spezielle Ereignisse wie Hochzeit, Geburt, Krieg, öffentliche Infrastrukturmaßnahmen, aber auch für Geldgeschenke an den Nabob usw.

---

14 Mann a. a. O. S. 175 ff.

Lord Clive ging mit seinem Amtsantritt als Gouverneur (1758) daran, die Organisationsstruktur der Kompanie umzugestalten, und zwar vom bisherigen Kollegialprinzip zum Präsidialprinzip. Insbesondere gelang es ihm, die Armee der Kompanie zu unterstellen, sodass diese nicht nur operativ, sondern auch personell hinsichtlich der Besetzung von Generälen und Offizieren die Entscheidungsbefugnis erhielt. Die Rechtsorganisation der Kompanie sah zur Zeit von Bolts (1760-1768) folgendermaßen aus: An der Spitze des Unternehmens stand der Gouverneur von Bengalen, er war Präsident des *„Select Committee of Fort William"* und aller Tribunale und verfügte über unumschränkte Gewalt über die Briten und vor allem über die Einheimischen, worüber sich Bolts besonders alteriert: *„Er* [der Gouverneur] *ordnet die Angelegenheit ihrer Stämme, er verstößt sie aus den Kasten, verjagt sie aus ihren Familien, reißt sie aus den Armen ihrer Freunde, nachdem er glaubt, dass der Vorteil der Kompanie diese Strenge erfordert. Jeder, der es wagte, mit ihnen umzugehen, mit ihnen zu essen oder zu trinken, liefe Gefahr, eben die Schmach zu erfahren. Die Tyrannei und der Aberglauben gehen noch weiter: Keiner kann sie berühren, selbst unversehener Weise, ohne verurteilt zu werden, sich durch Baden im Ganges zu entsündigen."*[15] Was die Engländer und andere Europäer in Indien betraf, so konnte sie der Gouverneur jederzeit mit Gewalt und ohne gesetzliches Verhör ergreifen, inhaftieren und nach Europa deportieren – eine menschliche und finanzielle Katastrophe für den Betroffenen. *„Die Landeseingeborenen ebenso wie die Engländer, die sich in diesem [...Klima] niedergelassen haben, sind allen Arten von Unterdrückungen ausgesetzt. Das Gouvernement von Bengalen kann sie nach seinem Belieben aller Güter und Besitzungen, die sie im Gebiet des Nabobs besitzen, selbst des Lebens berauben, ohne dass es einem oder dem anderen möglich wäre, nach der gegenwärtigen Einrichtung des Reiches um Rache und Gerechtigkeit in Großbritannien oder Indostan zu schreien."*[16]

---

15 Bolts a. a. O. S. 160.
16 Bolts a. a. O. S. 94.

Neben dem „*Select Committee of Fort William*" amtierte der 16-köpfige Rat von Kalkutta („*Calcutta Council*"). Gemeinsam ernannten sie den *Maire* und seinen Hof, bestehend aus neun *Aldermans*. Dieses Tribunal hatte die Vollmacht, über alle bürgerlichen Vorfälle zu entscheiden. Maire und Alderman behielten ihren Posten lebenslang und konnten nur bei schweren Verfehlungen abgesetzt werden. Auch verloren sie ihr Amt, wenn sie ein Jahr nicht in Indien weilten. Neben dem Hof des Maire gab es noch weitere Höfe, so den Hof der Appellationen (bestehend aus dem Gouverneur und dem Rat von Kalkutta); den Hof der Kommissare (Tribunal aus 24 Kommissaren, die vom Gouverneur und einem Rat aus den Vornehmsten von Kalkutta gewählt wurden, er besetzte den Friedensrichter und die Leitung der Faktoreien); den Hof der Beisitzer usw., alles in allem waren dies sieben unterschiedliche Gerichte – und in ihnen saßen immer dieselben Personen. „*Gouverneur und Rat sind zugleich öffentliche Rächer, die die Verbrecher verfolgen, Magistrat, der sie in Gewahrsam nimmt, Richter, die sie verurteilen, Beherrscher, die die Vollstreckung des Urteils befehlen und endlich die unumschränkten Herren, sodass weder die Unter- noch Obergeschworenen oder die anderen Richter es wagen, ihnen zuwider zu arbeiten. Wenn die Eingeborenen bei ihrem Prozess an die Gesetze Großbritanniens appellieren, so liefert man sie dem Nabob aus, der alle Befehle buchstäblich ausübt, so wie sie ihm vorgeschrieben werden.*"[17] Die Rechtsprechung stieß tatsächlich insofern auf Schwierigkeiten, als britisches Recht nur für Briten galt, Einheimische hingegen mussten gemäß ihrer Religionszugehörigkeit nach Hindu-Recht oder nach moslemischem Recht behandelt werden. Dies führte zu schweren Missbräuchen und zur Willkürjustiz zugunsten der Kompanie.

Mitte der 1760er-Jahre standen etwa 80 Angestellte im Dienst der Kompanie, ihr durchschnittliches Jahreseinkommen lag bei 150 £ (Pfund Sterling). Einfache Soldaten erhielten in Indien ein Jahresgehalt von 150 bis 300 £, Offiziere je nach Dienstgrad 1.000 bis

---

17 Bolts a. a. O. S. 358.

3.500 £, der Gouverneur 3.000 £. Das Anfangsgehalt eines Aldermans war lediglich auf 25 £ bemessen, eine Summe, die kaum für die Miete einer Wohnung in Kalkutta ausgereicht hätte. Daher war der zollfreie Privathandel (außerhalb der Kompanie) wichtig, denn dabei verdiente man das Vielfache der offiziellen Gehälter. Es hing vom Geschick und vor allem von der Skrupellosigkeit des Einzelnen ab, wie sehr er sich zulasten der ortsansässigen Bevölkerung und wohl auch zum Nachteil der Kompanie bereichern konnte. Als Robert Clive nach seiner zweiten Amtszeit als Gouverneur (erste Amtszeit 1758-1760, zweite Amtszeit 1765-1767) nach England zurückbeordert wurde, belief sich sein in Indien erworbenes Vermögen auf 400.000 £. Er wurde vom britischen Parlament der Unterschlagung hoher Steuergelder und des Amtsmissbrauchs bezichtigt, allerdings rehabilitiert (1774 schied er freiwillig aus dem Leben). Im Jahr 1767 befasste sich das britische Parlament erstmals mit den indischen Angelegenheiten; denn die Kompanie war nicht in der Lage, eine geordnete Buchführung vorzuweisen. (Erst Wilhelm Bolts führte in Kalkutta die doppelte Buchhaltung ein.) Sie klagte über Verluste im Handel, obgleich sie durch die Übernahme der Diwani enorme Gewinne erzielte (jährlich 2,5 Millionen £), gleichzeitig aber die Kosten der britischen Truppen an London verrechnete. Es herrschte die allgemeine Meinung, dass die Selbstständigkeit der Kompanie, also deren Steuerhoheit, gebrochen werden müsse. Die Frage der Besteuerung amerikanischer Kolonien überschattete dabei die Debatten hinsichtlich Indien. Man ging der Frage nach, wer eigentlich die Verfügungsgewalt über die von der Kompanie erworbenen Gebiete (die von Rechts wegen immer noch dem Großmogul gehörten) haben sollte: die Kompanie selbst oder das britische Parlament. Das Angebot der Kompanie, dem britischen Staatsschatz jährlich 400.000 £ zu überweisen (etwa denselben Betrag musste London für die britischen Truppen in Indien aufwenden), beruhigte vorerst die Gemüter (siehe unten).[18]

---

18 Mann a. a. O. S. 114.

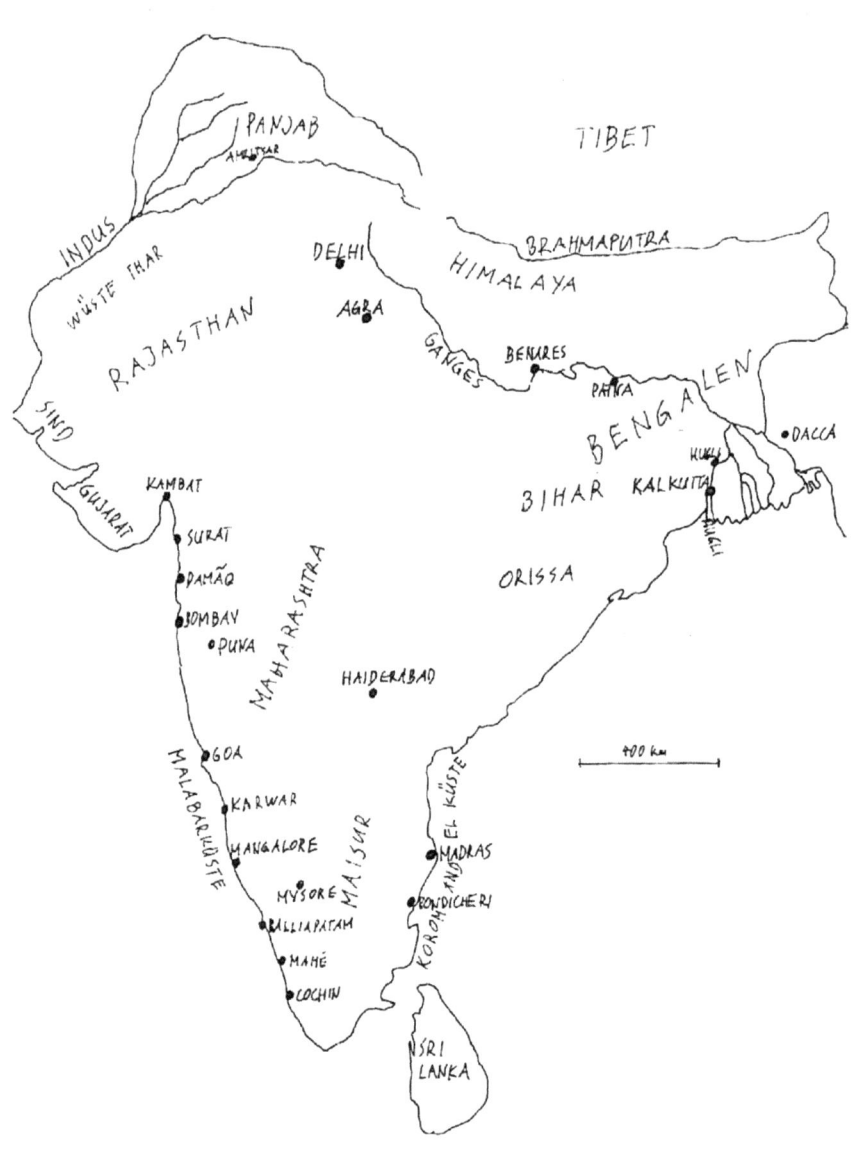

Südasien – Zeichnung von Bertrand Michael Buchmann

4. ABENTEURER? WILHELM BOLTS IN INDIEN.

Glück in Ostindien, also Erwerb von Reichtum, war vornehmlich das Motiv für Briten, eine Anstellung bei der East India Company anzustreben. Wohl waren sich diese des Risikos nicht bewusst: In den Jahren 1762 bis 1783 beschäftigte die Kompanie in Bengalen insgesamt 508 Personen. Von diesen starben 105 in Indien, 37 waren vorzeitig heimgekehrt, 321 standen noch im Dienst; zur selben Zeit arbeiteten im klimatisch günstigeren Bombay 150 Angestellte, 20 waren vorzeitig heimgekehrt, sechs von ihnen als Invalide, 37 waren verstorben. Neun konnten ein Vermögen erwerben, allerdings gingen zwei bankrott.[19] Grundsätzlich war Indien nicht das Land, in dem man sich auf Dauer niederzulassen plante, sondern das Land, in dem man reich werden wollte, um nach einiger Zeit wieder nach Hause zu reisen. Da man sich erst gar nicht heimisch zu fühlen beabsichtigte, galt es auch nicht, Gepflogenheiten und Wesen der Bevölkerung zu verstehen, sondern nur diese möglichst auszubeuten.

Wilhelm Bolts brachte die besten Voraussetzungen mit, um von einer internationalen Handelsagentur ins „exotische" Ausland geschickt zu werden. Daher heuerte er im November 1759 bei der britischen East India Company an. Er war erst 25 Jahre alt, als er im Sommer 1760 in Kalkutta landete. Üblicherweise hätte er seine Karriere als Schreiber begonnen, Bolts wurde aber gleich als Agent angestellt, erhielt einen Fünfjahresvertrag und die Erlaubnis, an jedem bengalischen Hafen oder Platz zu handeln. Denn die Geschäfte der Kompanie liefen schlecht, sodass man zehn Agenten mit Erfahrung suchte; Bolts war einer von ihnen. Die grundsätzlichen Probleme der Handelsgesellschaft

---

19 Mann a. a. O. S. 89

lagen darin, dass sie eigentlich für den Überseehandel geschaffen worden war, dass sie sich aber einerseits zivile und sogar militärische Verwaltungsstrukturen anmaßte, welche letztendlich
der Entstehung einer britischen Kolonie zuarbeiteten, dass sie andererseits in den indischen Binnenhandel eingriff, wovon zwar
die Mitglieder der Kompanie, nicht aber diese selbst profitierte.
Denn schon drei Jahre vor Bolts' Ankunft in Bengalen erklärte
der Gouverneur in Fort William (Sitz der Kompanie in Kalkutta):
*„Jedermann, der unter dem Schutz der Kompanie ist, hat die Freiheit,
in allen und jeden Niederlassungen der Kompanie frei zu handeln.“*[20]
Daher schufen sich die Angestellten ein eigenes binnenindisches
Handelsnetz und beschäftigten selbst Agenten, meist christliche
Armenier, die dabei auch ihre Geschäfte besorgten und sich in
Kalkutta niederließen. Die Armenier stellten eine große Zahl von
Kaufleuten in Indien, besaßen auch beträchtliche Pflanzungen
in Bengalen und genossen den Schutz der Kompanie, waren al-
lerdings auch deren Willkür unterworfen. Die Angestellten der
Kompanie durften also innerhalb Indiens von Hafen zu Hafen
frei handeln –, nicht aber außerhalb. Jedes Geschäft, das man im
Namen der Kompanie abschloss und das keinen Binnenzöllen unterworfen war, musste jedoch vom Direktor abgesegnet werden.
Andere Händler mussten für ihren Warenverkehr Binnenzölle
entrichten. *„Wenn ein Europäer mit Bewilligung der Kompanie einen
öffentlichen Posten bekleidete, sei es als Schreiber oder Ratsherr, so nennen ihn die Landeseingeborenen Burra Sahib oder englischen Herrscher,
und die Rajas und Zamindars haben eine große Ehrfurcht vor ihm.“*[21]

Unmittelbar nach seiner Ankunft erkannte Bolts die Chancen,
welche sich ihm in Bengalen auftaten, aber er sah auch, welche
Gewinne seinen Kollegen in Indien entgingen, weil sie für ihre
privaten Geschäfte die Sprache der Einheimischen nicht beherrschten und von diesen ständig betrogen wurden. Daher erlernte er

---

20 Bolts a. a. O. S. 139
21 Bolts a. a. O. S. 278

in kurzer Zeit „Bengali", jene (indoarische) Sprache, welche in der alten Form mit den zahlreichen persischen Lehnwörtern bis etwa 1800 in Bengalen gesprochen wurde. Daneben erwarb er sich auch Kenntnisse des Persischen, das von der indischen Oberschicht gesprochen wurde. Mit großem Geschick und in enger Kooperation mit einheimischen Kaufleuten und armenischen Agenten erzielte Bolts binnen Kurzem mehr Gewinne als andere Kompanieangestellte und erweckte alsbald Neid und Misstrauen des Gouverneurs **Henry Verelst** (1767-1769). Dieser trat nachgerade als Intimfeind von Bolts hervor und diktierte 1772 folgende Beschreibung: *„Bolts kam 1760, und er wurde eine führende Figur unter der Gruppe von Händlern. In nur sechs Jahren verdiente er 90.000 £. Er zeigte eine extreme Begierde im Bestreben, um die Autorität des Gouvernements zu untergraben und einen wirksamen Schutz für die Einheimischen zu verhindern. Alles geschah zum Nachteil der Kompanie."*[22] Über den Konflikt mit Verelst wird unten zu sprechen sein. Die genannte Summe dürfte allerdings zu hoch gegriffen sein, aber reich wurde der „niederländische Abenteurer" jedenfalls. Etwas anderes ist aber auch unbestritten: Händler wie Bolts ruinierten systematisch die Existenzen der einheimischen Händler und Produzenten.

Also weiter zu Bolts' Handelsaktivitäten in Bengalen. Bald nach seiner Ankunft wurde er Partner der beiden Ratsmitglieder **John Johnstone** und **William Hay**. Ihre wichtigsten Handelsartikel waren Wolle, Salpeter, Opium, Baumwolle und Diamanten. 1761 pachtete er gemeinsam mit den beiden anderen für sieben Jahre einige „Farmen" und erwirtschaftete aus ihnen und durch andere Handelsgeschäfte hohen Gewinn. Unter dem Begriff Farm ist ein Gebiet zu verstehen, in dem sein Besitzer die Hoheit über sämtliche Einkünfte verfügte. Dies konnte freilich zu Konflikten mit den einheimischen Autoritäten führen, wie aus dem – durchaus harschen – Schriftverkehr der drei Geschäftsleute mit dem Nawab

---

22 Hallward a. a. O. S. 127

(Vizekönig von Bengalen) **Mir Qasim** (siehe oben) zu entnehmen ist, der den Binnenhandel der Engländer generell verbieten
wollte. Dass mit Mir Qasim nicht zu spaßen war, zeigte sich 1763/64
in blutigen Auseinandersetzungen mit der Handelskompanie, bei
denen neunzehn Zivilangestellte ihr Leben verloren; auch Wilhelm Hay starb 1764 anlässlich des Aufstandes in Patna, der insgesamt 200 Menschenleben kostete. Bei diesen und etlichen anderen Unruhen gelang es den Briten nicht immer, zwischen
Freund und Feind zu unterscheiden; oft war es ungewiss, wer
von den lokalen Machthabern (Nabobs, Rajas, Zemindars usw.)
sich dem Widerstand anschließen würde. Die Briten konterten
auf jede Empörung mit Strafexpeditionen und gingen dabei mit
äußerster Brutalität vor. Ganze Dörfer wurden niedergebrannt,
Rädelsführer hingerichtet oder vertrieben. Auch Mir Qasim
wurde aus seiner Pfründe als Nabob von Bengalen von der Kompanie vertrieben (er starb 1777). Nichtsdestoweniger vermittelte
Gouverneur Henry Vansittart ein Handelsabkommen, das dem
Binnenhandel aller Europäer, also auch den Briten, einen gene-
rellen Zoll von neun Prozent vorschrieb.[23] Viele Engländer, an
vorderster Stelle Johnstone und Bolts, sahen in diesem Vertrag
eine unerfreuliche Unterwerfung (was er wohl auch war) und
forderten eine generelle Zollfreiheit (die dann ein Jahr später
auch vertraglich festgemacht wurde; es blieb nur der Salzzoll mit
zweieinhalb Prozent übrig). Gouverneur Vansittart machte sich
scheinbar und gewiss nicht ganz uneigennützig zum Fürsprecher
der Einheimischen und verlangte nachdrücklich ein Ende von
deren Unterdrückung durch die englischen Handelsagenten (Gomastahs). Denn diese plünderten die Bevölkerung aus, betrieben
in jedem Dorf zehn oder zwanzig neue Faktoreien als Angel-
punkte ihrer privaten Geschäfte, indem sie den indischen Händlern gewaltsam deren Handelsgüter (Salz, Nüsse, Reis, Stroh,
Bambus, Fisch, Leinen, Ingwer, Zucker, Tabak, Opium u. a.) zu
einem Minimalpreis abnahmen und um den fünffachen Preis

---

23 Hallward a. a. O. S. 7-9

verkauften.[24] Der Gouverneur wollte 1763 sogar eine eigene Polizeitruppe aufstellen, welche die Missbräuche der Gomastahs unterbinden sollte. Jedenfalls verwarnte er Bolts, der weiterhin seinen eigenen Geschäften nachging, dass sein Verhalten in Zukunft nicht geduldet und ihn die Kompanie aus ihren Diensten entlassen würde. Bolts rechtfertigte sich damit, dass er keineswegs unehrenhaft gehandelt hätte und Vansittart lediglich falsch informiert worden wäre, dass außerdem alle Briten ihren privaten Handel besorgten und die Kompanie gar kein Recht hätte, diesen zu unterbinden. Der Briefwechsel gestaltete sich als recht unfreundlich und gelangte bis nach London. Bolts wurde nun Unfähigkeit, schlechtes Benehmen gegenüber dem Direktorium und Impertinenz gegenüber örtlichen Würdenträgern vorgeworfen. Der offene Konflikt mündete in einer Anklage gegen Bolts, dank des mächtigen Partners Johnstone wurde das Verfahren aber nicht weiterverfolgt, zumal Vansittart 1764 nach London zurückberufen wurde. Als neuer Gouverneur kam John Spencer nach Kalkutta, er blieb aber nur ein Jahr, danach trat von 1765 bis 1767 wieder Lord **Robert Clive** das Amt des Gouverneurs an. An Clive lässt Wilhelm Bolts kein gutes Haar. Er schreibt:[25] *„Die Direktoren* [in London], *bestürzt über die Unruhen, die das Land verheerten* [siehe oben: Mir Qasim] *und dem Handel der Kompanie schädlich sein könnten, ernannten den Lord Clive zum Gouverneur und einige Komitee[mitglieder] mit der unumschränkten Macht, alle Maßregeln zu nehmen, welche Ruhe und Frieden wieder herstellen könnten. Der Lord Clive und die Komitees kamen am 3. Mai 1765 in Bengalen an und fanden die Pflanzungen so blühend, wie man sie vorher nie gesehen hatte. Es war ihnen unmöglich, Ehre und Reichtum zu erwerben, wenn sie den Plan der Regierungsform, der ihnen von den Direktoren vorgezeichnet worden war, befolgten. Um aber den einzigen Endzweck ihrer Reise nicht zu verfehlen, glaubten sie, ein Mittel dazu erfinden zu müssen. Sie beschlossen also, alle Traktate, die ihre Vorgänger im*

---

24 Hallward a. a. O. S. 10–17.
25 Bolts a. a. O. S. 62f.

Regiment geschlossen hatten, aufzuheben und ein neues politisches und Handelssystem zu errichten. [...] Von dieser Zeit an bezahlt die Kompanie 400.000 Pfund Sterling an die Regierung, um sie gleichsam zu erkaufen, dass sie keine Untersuchung anstellen soll." Da der Großmogul seine Stellung gegenüber den unruhigen und gewalttätigen indischen Fürsten nur mithilfe der Kompanie und der englischen Soldaten behaupten konnte, annullierte er aus Dankbarkeit sämtliche Verträge, die Fort William bisher mit den Nabobs des Landes geschlossen hatte, und übertrug ihr 1765 gegen eine jährliche Entschädigung (etwa 300.000 £) die „Diwani", also das Recht der Steuereintreibung und die Verwaltung der Zivilgerichtsbarkeit (siehe oben). Damit genoss die Kompanie eine schier unumschränkte Macht über Bengalen. Im selben Jahr 1765 eignete sich die Kompanie ohne Wissen der Londoner Direktoren das Universalmonopol für den Handel mit Salz, Betel und Tabak an. Für dieses Monopol wurde eine eigene Aktiengesellschaft (Society of Trade) gegründet;[26] ihr Grundkapital betrug etwa 26.300 £, jedes Mitglied der Kompanie erhielt je nach Rang eine gewisse Anzahl von Aktien. Ab sofort durfte niemand außerhalb der Kompanie mit diesen Gütern handeln; diese wurden von den Produzenten an festgesetzte Plätze geliefert und von dort an die einheimischen Kaufleute zu einem festgesetzten Preis verkauft. Vom Umsatz sollte die Society 15 Prozent an die Kompanie abliefern, in Wahrheit unterschlug sie aber die Abgaben und setzte einen erhöhten Salzpreis fest.[27] Lord Clive hatte sich nicht nur hohen Gewinn für die Kompanieangestellten erwartet, sondern bessere Bedingungen für die Inder, wenn man ihnen den eigenen Salzhandel entreißt. Das Gegenteil war der Fall: Nach zwei Jahren, solange das Monopol offiziell bestand, bis es von London verboten wurde, *„... haben die Einwohner des Landes 673.117 Pfund Sterling mehr für das Salz bezahlt, als sie bei freiem Handel hätten zahlen müssen. So sehr hat man*

---

26 Bolts a. a. O. S. 284ff.
27 Mann a. a. O. S. 91.

die armen Bengalen bedrückt, um 60 Personen zu bereichern."[28] Es nimmt nicht wunder, dass das Salzmonopol oft den Anlass für schwere Unruhen gab. Bolts schreibt:[29] *„Die unterdrückenden Monopole [...] vermindern die Einkünfte von Bengalen so sehr, dass die Kompanie die traurigen Folgen davon bald fühlen wird. Die Raiyats [Bauern] sind mehrheitlich zugleich Ackerleute und Manufakturisten. Auf der einen Seite sind sie von den Gomasthas [Agenten] geplagt, die, um Waren zu haben, sie so sehr pressen, dass es ihnen nicht möglich ist, die Äcker zu bestellen und die Auflagen davon abzutragen; auf der anderen Seite martern sie die Offiziere, die über die Eintreibung der Auflagen gesetzt sind, wenn sie die bestimmte Summe als Pächter nicht zur rechten Zeit bezahlt haben. Man drückt sie auf eine so unmenschliche Art, dass sie sich öfter gezwungen sehen, das Land zu verlassen oder ihre Kinder zu verkaufen, um die Auflagen zu bezahlen."* Manufakturisten müssen verbindliche Erklärungen über Menge der Waren, über den (von der Kompanie festgesetzten, viel zu niedrigen) Preis und über den Zeitpunkt der Fertigstellung abgeben, dafür werden sie im Voraus bezahlt; wenn sie sich weigern, werden sie an einen Pfahl gebunden und ausgepeitscht.[30] Wer aus Haus und Hof flüchtet, landet zwangsläufig bei Räuberbanden. Britische Soldaten und Söldner sahen sich bisweilen in einen Guerillakrieg verstrickt, der in den Urwäldern Bengalens nicht gewonnen werden konnte. Übrigens waren nicht alle bengalischen Bauern sesshaft, es gab auch halbnomadische und vollnomadische Einwohner.

Obwohl William Bolts seit 1763 unter Beobachtung stand und seine Unstimmigkeit mit Fort William gewiss nicht vergessen wurde, bestellte ihn die Kompanie 1764 zum 2. Rat der Faktorei in **Benares (Varanasi)**. Sein Chef, mit dem er alsbald in Konflikt geraten sollte, hieß Randolph Marriott. Ob diese Versetzung

---

28 Bolts a. a. O. S. 312
29 Bolts a. a. O. S. 278 f.
30 Bolts a. a. O. S. 320

einem „Wegloben" gleich kam und man Bolts möglichst weit ins Landesinnere auf einen schwierigen Posten versetzen wollte, oder ob man bewusst einen findigen sprachkundigen Geschäftsmann in dem wichtigsten Handelszentrum im Landesinneren von Bengalen installieren wollte, kann nicht gesagt werden. Jedenfalls erzielte er in den beiden Jahren seiner dortigen Tätigkeit glänzende Einkünfte. In seiner Denkschrift erklärte Bolts die Gründung der Faktorei als ersten Grundpfeiler der britischen Herrschaft.[31] Von hier aus wurden alle Einkünfte der Provinzen Bengalens eingetrieben, sie brachten einen jährlichen Gewinn von geschätzten 250.000 £.

Ghats von Benares, Verbrennungsstätte der Toten. Das Holz für die Scheiterhaufen wird per Schiff herangeführt. Foto Buchmann 1984

Die heilige Stadt Benares liegt am linken Ufer des Ganges und zählte zu Bolts' Zeiten etwa 50.000 Einwohner, davon zwei Drittel Hindus und ein Drittel Moslems. Jeder zweite Einwohner

---

31 Bolts a. a. O. S. 62

gehörte der Kaste der Brahmanen (Priesterkaste) an, Tausende Fakire und eine unüberschaubare Menge an Pilgern, arme und reiche, ergänz(t)en das ungewöhnlich bunte Bild dieses wichtigsten hinduistischen Wallfahrtsortes. In dem Labyrinth der engen, gewundenen und von winzigen Läden gesäumten Gassen dräng(t)en sich bei Tag und Nacht dichte Volksmassen.[32] Von der Stadt führen mehrere steinerne Treppen (Ghats) zum Gangesufer, bevölkert von Hunderten, oft knapp vor dem Hungertod stehenden, verkrüppelten oder auch leprös entstellten Bettlern. Denn die Pilger sind spendenwillig. Hierher ström(t)en die elendsten Gestalten, die das arme Indien hervorbrachte (bzw. hervorbringt) – sie kommen zum heiligen Ganges, um an seinem Ufer zu sterben. Reiche indische Würdenträger haben knapp oberhalb der Ghats ihre prachtvollen Paläste errichtet, um dort ihren Lebensabend zu verbringen. An die tausend Pagoden und Hindutempel, aber auch 330 Moscheen säumen das Ufer. Unmittelbar am Wasser verrichten Männer, Frauen und Kinder ihre Gebete und Waschungen, Brahmanen kauern unter Strohschirmen und belehren die Gläubigen über die Bedeutung des rituellen Bades, „Friseure" scheren den Pilgern die Köpfe kahl, Kleider werden an die Ärmsten verteilt. Es gehört zum Ritus, dass man im Morgengrauen dreimal im Wasser untertauchen und den Mund spülen soll. Gangeswasser wird auch in Krügen gesammelt, damit man es daheim den Verstorbenen, aber auch den Kranken in den Mund träufeln kann. Etwas abseits von dem bunten Treiben werden die Toten verbrannt. Entstammen sie einer reichen Familie, werden sie in weiße Tücher gehüllt und auf einen großen Scheiterhaufen gelegt; die Angehörigen umkreisen dreimal den brennenden Scheiterhaufen, dann ist die Zeremonie beendet. Die Asche gelangt in den Fluss. Für Ärmere gibt es nur einen kleinen Scheiterhaufen, sodass sie halbverkohlt in den Ganges geworfen werden, Bettler werden unverbrannt den Fluten preisgegeben; sie sind die willige Beute von Hunden und Geiern.

---

32 Eigene Beobachtung des Verfassers aus dem Jahr 1984.

Wie sich William Bolts in diesem selbst für ihn ungewohnten Treiben zurechtfand, wissen wir nicht. Möglicherweise nahm er dieses gar nicht wahr, wohl interessierte es ihn auch nicht sonderlich. Denn er wohnte mit seiner jungen Frau nicht in der Altstadt, sondern abgehoben von den Einheimischen in einem für Europäer gebauten Haus mit Garten, mit den entsprechenden Dienstboten und einigen privaten Angestellten. Für ihn gilt vermutlich das, was für alle Europäer und deren Wirken in Indien gilt: Sie machten sich keinerlei Gedanken über ein indisches Staatsvolk, sie festigten ihren Machtanspruch allein mit Zwangsmaßnahmen und nicht mit Überzeugungskraft. Diese Einstellung zog sich durch die Geschichte Südasiens wie ein roter Faden, sie begann mit der Gründung der ersten Faktoreien und endete erst mit dem Abzug der Briten 1947. Zwischen der Gesellschaft Indiens und den Briten gab es keine Verbindung, keine wechselseitige Beeinflussung. Daher empfand die autochthone Bevölkerung die britische Verwaltung nicht anders als eine fremdländische Despotie. Was Wilhelm Bolts interessierte und woran er reichlich partizipierte, waren der blühende Handel und das Gewerbe in Benares. Die Stadt war damals berühmt für ihre Gold- und Silberschmiede, ihre Baumwoll- und Seidenwebereien und für ihre Holz- und Elfenbeinschnitzereien. Bolts machte so wie viele andere Kompanieangestellte glänzende Geschäfte, zahlreiche britische Händler taten es ihm gleich, daher setzten sie sich wie er vehement für einen freien Binnenhandel ein. Der Kompanie in Fort William schienen solche Aktivitäten suspekt, weil sie von ihnen nicht profitierte und eher im Gegenteil manchen Schaden erfuhr. Da Gouverneur Lord Clive sein Amt im Jahr 1765 mit dem Auftrag des Direktoriums antrat, alle Missbräuche abzustellen, begann er damit, dass er den zivilen Angestellten der Kompanie verbot, Geschenke von den einheimischen Prinzen anzunehmen. Aber gerade dadurch hatten sie jenes Vermögen angehäuft, das ihnen als Startkapital für ihre privaten Handelsfirmen diente.[33] Nun sollten sie überraschend auf diese Einnahme-

---

33 Mann a. a. O. S. 90 f.

quelle verzichten. Alle mussten, wenn auch widerstrebend, diese Anordnung des Gouverneurs unterschreiben, nur Bolts tat dies nicht und ließ einen seiner Schreibgehilfen unterzeichnen.[34] Dies machte viel „böses Blut". Das Verhältnis zwischen ihm und dem Gouverneur war seither getrübt. Lord Clive hätte Bolts ursprünglich als Agenten für seine privaten Diamantenspekulationen vorgesehen, doch sah er davon ab, *„als er seinen wahren Charakter kennenlernte"*.[35] Wer hatte da den schlechteren Charakter? Skrupellos und korrupt waren sie beide, allerdings hatte der Gouverneur auch Verantwortung für die gesamte Kompanie in Bengalen zu tragen. In diesem Jahr 1765 verdüsterte sich auch das Verhältnis von Bolts zu seinem unmittelbaren Vorgesetzten Randolph Marriott, dem Senior-Kommandanten der Faktorei in Benares. Dieser hatte von der Kompanie das Recht der Münzprägung gemietet und machte damit ein Riesengeschäft.[36] Bolts forderte nun eine Beteiligung und als Marriott sich weigerte, meldete Bolts diese Angelegenheit der Kompanie. Eine extra eingesetzte Untersuchungskommission führte zu dem Ergebnis, dass Marriott alle bisherigen Gewinne an Kalkutta abzuliefern hatte und seinen Chefposten verlor. Aber Bolts wurde seinerseits der Respektlosigkeit geziehen und ebenfalls aus Benares zurückberufen.

Kurz ein Wort zur indischen Münzwährung: Zum Vorteil der oft betrügerischen Geldwechsler prägte jede Provinz ihre eigenen Münzen. Es gab viele Arten von Gold- und Silbermünzen, am weitesten verbreitet war die Sikka-Rupie mit einem Feingehalt an Silber zwischen 140 und 176 Gramm.[37] Nun hatte die Kompanie sich 1764 selbst das Recht der Münzprägung in ihren Hauptniederlassungen ertrotzt und ging sofort daran, minderwertige Münzen auszugeben, die allerdings von der Bevölkerung

---

34 Hallward a. a. O. S. 25
35 Hallward a. a. O. S. 31 f.
36 Hallward a. a. O. S. 26 ff.
37 Mann a. a. O. S. 424. – Bolts a. a. O. S. 342

nur ungern angenommen wurden. „*Selbst den Großmogul hat man schon seine Pension mit solchen Rupien bezahlt. Trotz seines Titels des `Königs der Welt` sah er sich gezwungen, seine hohe kaiserliche Geduld zu üben und, ohne sich zu rächen, diese Beleidigung zu ertragen.*"[38]

Das Jahr 1766 brachte für Bolts reichlich Verwirrung. Er hatte zu Jahresbeginn wie gesagt den Befehl erhalten, Benares zu verlassen und bis Anfang Juli nach Kalkutta zu kommen, weil die Kompanie Anstoß an seinen Handelsaktivitäten nahm. Doch kam er der Aufforderung lange nicht nach und redete sich auf noch unerledigte Geschäfte aus. Im August 1766 erhielt Bolts die überraschende Beförderung zum Aldermann, womit eine lebenslange Aufenthaltserlaubnis, aber auch das Verbot des privaten Handels verbunden war; zugleich wurde er zum Richter am Gerichtshof in Kalkutta bestellt.[39] Wie war das möglich angesichts des angespannten Verhältnisses mit der Kompanie? Wollte ihn diese von seinen guten Handelsaktivitäten abschneiden und auf den ehrenvollen, aber mäßig bezahlten Rang eines Aldermanns und Richters wegloben? Letzteres ist wahrscheinlich, denn zur selben Zeit plante Fort William, alle Zivilisten vom privaten Handel auszuschließen und eine große Inland-Handelskompanie zu schaffen, die sich eine monopolartige Stellung für alle Handelsgüter aneignen würde.[40] Bolts bezeichnete dieses Vorhaben als höchst unfair und lehnte die Beförderung ab. Daher wollte ihn die Kompanie mit Gewalt nach Kalkutta holen. Sie übte auf bizarre Weise Druck auf ihn aus, indem sie Anfang November, wie oben erwähnt, seine Ehefrau Ann von seinem Haus in Benares nach Patna entführen ließ. Ende November 1766 suchte Bolts um Entlassung aus dem Dienst der Kompanie an und versprach sogar, bald nach Europa zu reisen, was er in Wahrheit aber gar nicht vorhatte. Da er sodann nicht mehr im Dienste der Kompanie

---

38 Bolts a.a.O. S. 344
39 Meisterle a.a.O. S. 26
40 Hallward a.a.O. S. 42 ff.

stand, hätte er nun Indien tatsächlich verlassen müssen, aber er verzögerte seine Abreise immer wieder unter allerhand Ausreden. Nach Kalkutta war er jedoch zurückgekehrt.

Unter dem seit 1767 amtierenden neuen Gouverneur **Henry Verelst** eskalierten die Spannungen zwischen Bolts und Fort William. Im August 1767 beschloss das Sekretariat, den unerwünschten Zeitgenossen auf einem kompanieeigenen Schiff nach Europa zu deportieren, aber dieser weigerte sich und behauptete, seine Angelegenheiten noch nicht geordnet zu haben, Schulden von anderen eintreiben zu müssen und aktuell überhaupt kein Geld zu besitzen.[41] Dann stellte er entsprechende Forderungen: Seine eigenen Handelsaktivitäten mögen ihm von der Kompanie zu einem annehmbaren Preis abgekauft werden oder er für den Fall seiner Abreise entschädigt werden. In einer Petition an die „Grand Jury" in London nannte er die Summe von 110.000 £.[42] Da er keine Antworten erhielt, verschickte er wütende Briefe und Anschuldigungen gegen den „tyrannischen" Gouverneur und den Rat von Kalkutta, der ihm als Briten nicht zu seinem Recht verhelfe. Dann drohte er auch noch, das ihm widerfahrene Unrecht in der ganzen Welt zu publizieren (was er wenige Jahre später auch tat). Jedenfalls erschien er nicht zum Zeitpunkt der anbefohlenen Abreise. Ihm wurde aber verboten, Kalkutta zu verlassen, sodass er fürchten musste, verhaftet zu werden.

Um einer Verhaftung zu entgehen, flüchtete Bolts in das 35 km nördlich von Kalkutta gelegene Chunchura, wo die niederländische Handelskompanie ihre bengalische Hauptniederlassung unterhielt. Dort knüpfte er alsogleich Geschäfte mit den Niederländern an, begann einen Direkthandel mit dem Nabob von Awadh und beteiligte sich auch am Salpeterhandel von dessen Berater, dem französischen Abenteurer Gentil; auf diese Weise

---

41 Hallward a. a. O. S. 51 ff.
42 Hallward a. a. O. S. 203 ff.

gelangten Insiderinformationen der Kompanie in fremde Kanäle.[43] Als Angestelltem der Kompanie wäre ihm dies alles strikt verboten gewesen, aber er hatte ja gekündigt, sodass er für sich das Recht eines britischen Staatsbürgers in Anspruch nahm, sich überallhin frei bewegen zu dürfen. Im Sommer 1768 ging der Streit mit Gouverneur Verelst seinem Höhepunkt entgegen: Auf Verelsts Weisung hin wurden auf nicht ganz legale Weise Bolts ausständige Gewinne kassiert und seine (armenischen) Agenten eingekerkert; sie blieben ohne Anklage zwei (Bolts behauptete: fünf) Monate in Haft, wurden enteignet und damit geschäftlich ruiniert.[44] Nun kehrte Bolts nach Kalkutta zurück. Er wehrte sich, indem er Beschwerdebriefe an viele Persönlichkeiten innerhalb der Kompanie und an das Londoner Direktorium verfasste und insbesondere den Gouverneur attackierte, dabei auch stets versicherte, dass alle Anschuldigungen gegen ihn grundlos wären. Von Fort William kamen wütende Gegendarstellungen: Bolts hätte die Kompanie betrogen und einer Vorladung nicht Folge geleistet, den Gouverneur insultiert, das Prinzip des Gehorsams verlassen und den Befehl zur Heimreise missachtet. Wörtlich hieß es in einem Schreiben an das Direktorium vom 13. September 1768:[45] „*Mr. Bolts has been a very unworthy and unprofitable servant to the Company [...]*. Er ‚trampelte' *auf der Autorität des Gouvernements herum, verletzte die Treue seines Arbeitgebers, verführte dessen Angestellte zur Pflichtverletzung und hat sich vielfach als unwürdig des Schutzes der Kompanie erwiesen. [...] Er betrieb seinen Inlandhandel auffallend gewalttätig, sei ein krimineller Übeltäter, sodass das Land von so einem gefährlichen Mitglied der Gesellschaft befreit werden müsse.*" Daher beschloss das Council, Bolts als Gefangenen nach England zu bringen. Für Bolts wurde es eng in Kalkutta. Noch bekam er eine Atempause, weil das Schiff, das ihn nach England hätte führen sollen, gestrandet war. In dieser

---

43 Hallward a. a. O. S. 56, 65 – Mann a. a. O. S. 89
44 Hallward a. a. O. S. 68 ff.
45 Hallward a. a. O. S. 88 f.

heiklen Situation klammerte er sich an einen letzten Strohhalm und schrieb einen öffentlichen Brief („to the public") in mehreren Exemplaren – es gab damals noch keine Druckerei in Kalkutta –, in dem er das Publikum aufforderte, vor seinem Haus zu erscheinen, wohl um Augenzeugen seiner Verhaftung zu werden. Aber nur wenige folgten diesem Ruf.

Am Freitag, den 23. September 1768, war es schließlich so weit: Gemäß Befehl des Councils umstellte eine Gruppe Bewaffneter unter dem Kommando von Kapitän Robert Coxe Bolts' Haus und brachte ihn als Gefangenen auf den Schoner „Cuddalore". Der Kapitän berichtete darüber dem Council:[46] Er fand das Haus mit offenen Türen, ging in den ersten Stock, wo er Bolts allein antraf und ihm den Befehl der Behörde zeigte. Bolts sagte, er würde das Haus nicht verlassen, außer Coxe machte ihn zu seinem Gefangenen. Coxe sagte ihm, er wäre froh, dass Bolts sich für das Verlassen dieses Ortes gut vorbereitet hätte, denn er habe Gewalt befürchtet. Zwei *Sepoys* [Sipahi; indische Soldaten in britischen Diensten] legten auf sein Verlangen die Hand auf Bolts' Schulter –, sonst wollte er nicht gehen. Dann stieg er die Treppe hinunter, wollte, dass ihn noch viele sehen. Bolts hatte schon Bücher und Papiere für die Deportation vorbereitet. Der gut bewachte Schoner „Cuddalore" war schon als Gefängnis für Bolts und seine Sachen vorbereitet worden und verfügte auch über keine Türen, Schlösser und Fenster. Nach sechs Tagen wurde Bolts (gemeinsam mit drei armenischen Agenten) auf das mit 26 Kanonen bestückte Handelsschiff „Valentine" gebracht, das am 30. September ablegte und – nach für damals unüblich langer Fahrt – erst am 3. April 1769 in Plymouth ankam. Kapitän Purvis erhielt für den Transport von Bolts eine Belohnung von 100 Guineen. (Die Guinea war von 1663 bis 1816 die wichtigste Goldmünze Großbritanniens, sie bestand aus ca. 8,4 g Feingold; ihr Wert entsprach 21 Schilling oder etwa 1 £ = Pfund

---

46 Hallward a. a. O. S. 91 ff.

Sterling; grob geschätzte Umrechnung in österreichische Gulden: 10 fl. = 1 £).

Niemand konnte vorausahnen, dass das Jahr 1769 ein Katastrophenjahr für Bengalen bedeuten sollte: Zunächst führte die Kompanie Krieg mit dem Nabob Haidar Ali von Mansur, dem Heerführer der Rajas aus der Woduyar-Dynastie von Karnataka (siehe unten). Dann brach wegen einer Dürre und anschließender Überflutung des Deltas eine Hungerkatastrophe, gefolgt von einem Seuchenausbruch unvorstellbaren Ausmaßes über Bengalen herein. In manchen Distrikten starb beinahe ein Drittel der Bevölkerung an Hunger und Krankheit, man schätzt zehn Millionen Tote. Zugleich nahmen Raubüberfälle und das Bandenunwesen überhand; die permanenten Unruhen flauten erst 1786 langsam ab und dauerten noch bis 1800 an. Daher gingen auch die Steuereinkünfte der Kompanie stark zurück, während zugleich der Privathandel der Kompanieangestellten immer schädlichere Ausmaße annahm.

5. WILHELM BOLTS IN LONDON – SEINE RACHE

Noch bevor Wilhelm Bolts aus Indien abtransportiert worden war, beauftragte er eine Firma in Kalkutta, seine Angelegenheiten zu regeln. Bolts' Gläubiger stellten enorme Geldforderungen – in Summe 110.000 £ –, die sie nun von der Kompanie einforderten. Es entwickelte sich bald ein heftiger Wortkrieg: Die Kompanie argumentierte, dass das wichtigste Handelsgut von Bolts das Salz war, obwohl er damit wegen des Salzmonopols gar nicht hätte handeln dürfen. Das Gegenargument lautete dahingehend, dass die Mitglieder des Councils und insbesondere Gouverneur Verelst selbst privat mit Salz handelten.[47] Die Gläubiger hinterlegten ihre Forderungen sogar vor einem öffentlichen Notar, erreichten aber vorerst nichts.

In England verwendete Bolts nun alle Energie, um sich an seinen Feinden in der bengalischen Administration zu rächen. Er wollte den öffentlichen Ruf der East India Company schädigen und das Parlament auf alle Missstände aufmerksam machen, insbesondere wollte er den Gouverneur Verelst finanziell und gesellschaftlich ruinieren. Zu diesem Zweck schrieb er zahlreiche Bittschriften und Beschwerdebriefe an alle Autoritäten Londons, ja sogar an den König und reichte schließlich die gerichtliche Klage gegen die Kompanie ein. Dieser Tatsache verdanken wir, dass sein gesamter Briefverkehr mit dem Gouverneur und dem Komitee erhalten geblieben ist, denn das Direktorium forderte zur Verteidigung der Kompanie alle Briefe seit dem Jahr 1764 im Original und in Abschrift an. Sie sind in der hier oft zitierten Sammlung von Hallward publiziert worden. Bisweilen gewinnt man den Eindruck, dass sich Bolts wie ein Michael Kohlhaas verhielt, der

---

47 Hallward a. a. O. S. 110 ff.

alle Hebel in Bewegung setzte, um zu seinem Recht zu gelangen, sich dabei aber auch selbst schädigte, indem er sein Vermögen verbrauchte.

Sechs Wochen nach seiner Ankunft in England verfasste Wilhelm Bolts am 19. Mai 1769 einen 22 Punkte umfassenden Beschwerdebrief an das Direktorium.[48] In Punkt 1 beschrieb er seine Tätigkeit im Dienste der Kompanie von 1759 bis 1766 und rechtfertigte in Punkt 2 seine Kündigung damit, dass „... *die Konfusion und Ungerechtigkeit den Ausschlag gaben.*" Drittens erklärte er, dass er nach seiner Kündigung seine Tätigkeit als Händler und Bevollmächtigter für Geschäfte und auch als Ratsherr oder als Richter vom obersten Hof von Kalkutta fortsetzte – wie auch schon vor seiner Kündigung. Viertens klagte er an: „*Gouverneur und Council waren grausam, ungerecht und gewalttätig, sie rissen speziell Baumwolle, Salz, Betelnuss, Meterware, Salpeter und Opium an sich gegen das natürliche Recht und die ausdrücklichen Vorschriften vom Honorable Court of Directors. Speziell Gouverneur Verelst und Oberst Richard Smith wendeten gegen Bolts die größte Grausamkeit und Ungerechtigkeit an.*" In Punkt 11 beklagt sich Bolts, dass Gouverneur und Council seinen Agenten und Gomastahs befahlen, alle ausstehenden Angelegenheiten einzusammeln, um sich dann ihrer zu bemächtigen und sie einzusperren. Das seien angesehene armenische Christen, „... *die weder Gesetze des Landes gebrochen haben noch gegen die Interessen der Kompanie gehandelt haben. Nichtsdestoweniger wurden sie ohne Angabe von Gründen plötzlich eingesperrt.*" (12.) Sie blieben fünf Monate gefangen, dann wurden sie überraschend freigelassen (14). In den letzten Punkten schildert Bolts den Vorgang seiner Verhaftung, dass ihm nur zwei Stunden erlaubt waren, um seine Sachen zu packen, dass er von seiner Familie getrennt und als Gefangener nach England gebracht wurde. „*Die Früchte vieler Jahre gingen so verloren, ebenso das Glück vieler Menschen, die mit ihm zusammengearbeitet haben. Alles zusammen sind*

---

48 Hallward a. a. O. S. 93 ff.

110.000 Pfund Sterling der Gnade von Einheimischen in verschiedenen Landesteilen überlassen." In einer langatmigen Schrift vom März 1770 rechtfertigte sich das Direktorium, dass Bolts ein Jahr Zeit gehabt hätte, um seine Angelegenheiten zu regeln, bevor er gewaltsam nach England gebracht worden wäre, dass er zwar als Aldermann auch nach seiner Kündigung das Recht gehabt hätte, in Indien zu bleiben, nicht aber selbst Handel zu treiben usw.[49]

Was nun folgte, waren einerseits langwierige Gerichtsverfahren infolge von Anklagen gegen die Kompanie und deren Angestellte, insbesondere gegen Verelst, der sich deswegen schließlich in London vor Gericht verantworten musste. Auch jene drei armenischen Agenten, welche Bolts nach London gefolgt waren, verklagten den Gouverneur wegen ihrer grundlosen Inhaftierung. Andererseits entfaltete Bolts eine rege publizistische Tätigkeit, um die Kompanie in Misskredit zu bringen und die öffentliche Meinung gegen sie aufzustacheln. Die erste kleine Schrift erschien noch 1769 und war an die Eigentümer der East India Company gerichtet.[50] Darin erwähnt er zunächst seinen eigenen Fall, seine vergeblichen Petitionen und die inhumane Art, wie Freiheit und Eigentum eines Briten in Bengalen durch die Kompanie behandelt werden. *„Es kann keine Sicherheit in einem Gouvernement geben, wenn es keine Gerechtigkeit gibt – das möge jeder Aktionär wissen [...]. Die Kompanie hat etliche Jahre nur die einzige Regel befolgt, die eigenen Freunde zu unterstützen."* Da Gouverneur und Council die legislative, judikative und exekutive Gewalt in einer Hand vereinten, könne jede Klage aufgehalten werden. Die Einheimischen, *„who are polite, civilized and mild people"*, leiden unter der Tyrannei und haben keine Chance bei Gericht, außer sie fahren selbst nach England. Ferner ruinierten die Handelsmonopole der

---

49 Hallward a. a. O. S. 102 ff.

50 „Extracts from the Public Advertiser relative to the oppression suffered in Bengal by Mr. William Bolts and his Armenian Agents from the East-India Company's Representatives there." In: Hallward a. a. O. S. 118 ff.

Kompanie die einheimischen Produzenten, sodass die Anzahl der Manufakturen stets abnähme. *„Viele Tausend Händler aus der Provinz kamen nach Bengalen, um ihre Manufakturen mit gutem Geld zu erwerben, waren aber entmutigt und verließen das Land wieder."*

Im Jahr 1772 holte Bolts zum großen Schlag gegen die Kompanie aus: Er veröffentlichte den ersten Teil seines Buches: „Considerations on India affairs, particulary respecting the present state of Bengal and its dependencies. By William Bolts, 1772, Merchant and Alderman or Judge of the Mayor's Court of Calcutta." Wie er erwartet hatte, erregte das Werk gewaltiges Aufsehen in London. Zu spät versuchte die Kompanie, die Verbreitung der ihrem Interesse so zuwiderlaufenden Publikation zu verhindern: Sie ließ alle noch erhältlichen Exemplare aufkaufen und veranlasste die Buchhändler, keine zweite Auflage zu besorgen. Durch Zufall gelangte aber ein Exemplar in die Hände eines französischen Übersetzers, der das historisch und ethnografisch hochinteressante Werk 1775 in französischer Sprache herausgab. Die Ausgabe in deutscher Sprache erfolgte 1780 unter dem Titel: „W. Bolts: Gegenwärtiger Zustand von Bengalen. Aus dem Französischen mit Anmerkungen und Zusätzen von S. In zweyen Theilen. Leipzig 1780.". Im Vorwort erklärt der mit J. C. F. S. (Joachim Christoph/Christian Friedrich Schulz, 1762-1798) unterzeichnende Übersetzer: *„Ich übergebe hier den Geografen und Statistikern ein Werk, das sehr viel Aufsehen in England gemacht hat, teils wegen der Kühnheit, mit welcher der Verfasser alle Ungerechtigkeiten und Tyranneien der Kompanie rügt, und teils wegen der Zuverlässigkeit, die in allen angegebenen Dingen herrscht. […] Lange war das grausame Verhalten der Englisch-Ostindischen Kompanie unenthüllt geblieben, bis endlich der Verf. auftrat. […] Der Verf. William Bolts hatte sich lange in Diensten der Kompanie in Bengalen aufgehalten. Er war nicht bloß Kaufmann, sondern sogar Aldermann am Gerichtshof der Maire, bei welchem Posten er Gelegenheit hatte, so recht hinter die Betrügereien der Kompanie und ihrer Bedienten zu kommen. Er hat auch selbst, wie er sich ausdrückt, die eiserne Rute empfunden, mit welcher die Kompanie ihre indischen Untertanen peinigt. […] Mein Buch, sagt er, ist nicht aus*

Rachsucht gegen die Kompanie entstanden – ein edler Mann vergibt –, sondern Mitgefühl für meinen armen, Not leidenden Nächsten hat mich dazu angefeuert. Ich weiß, dass die Herausgabe meines Buches mich in Gefahr setzt, das wenige auch noch zu verlieren, was mir von meinem Vermögen übrigblieb. [...] Die Urheber jenes Elends werden freilich alles leugnen wollen, was in meinem Buche wider sie behauptet wird. [...] Meine Beweisgründe sind alle, soweit sich's tun ließ, aus Akten genommen, die jedermann bekannt sind, die jedermann prüfen kann. [...]"

Eine bemerkenswerte Rezension erschien bereits 1775 in den „Göttingischen Anzeigen".[51] Darin heißt es: „Herr Bolts berechnet die Einkünfte von Bengalen, Bihar und Orissa auf 3,600.000 Pfund Sterl. und versichert, sie könnten ohne Schaden des Landes auf 6 Millionen gebracht werden. Und dennoch ist die Gesellschaft bei dem Besitze dieser großen Länder so sehr zurückgekommen, dass das Parlament ihr mit einem Darlehen von 1,200.000 Pfund zu Hilfe zu kommen genötigt gewesen ist. Die Ursache dieses Verfalls ist in der ungerechten und unweisen Verwaltung einzig zu suchen. [...] Herr Bolts ratet also an, der sich selbst zu regieren unfähigen Gesellschaft die oberste Gewalt zu entziehen, dieselbe zur Krone zu schlagen, die Handlung nach Bengalen allen Engländern frei zu stellen und ihnen zu erlauben, sich in Indien nach Belieben niederzulassen; endlich aber alle Monopole aufzuheben." Wie die Geschichte zeigen wird, hatte Wilhelm Bolts die nachmalige Entwicklung der Kompanie mehr oder weniger vorgezeichnet (siehe unten).

Zurück zum Jahr 1772: Der ehemalige Gouverneur Verelst musste sich, wie gesagt, gegen die schweren Anschuldigungen verteidigen. Noch im Erscheinungsjahr des ersten Bandes der „Considerations" 1772 veröffentlichte er eine Gegendarstellung mit dem Titel: „A view of the rise, progress and present state of the English Government in Bengal, inclusing a reply of the misrepresentations of Mr. Bolts and other writers. By Harry Verelst, Esq., late Governor of Bengal. Difficilius est provincias obtinere,

---

51 Göttingische Anzeigen von gelehrten Sachen, 148. Stück, 12. Dezember 1775. S. 1267

quam facere: Viribus parantur, iure retinentur."[52] 1775 erschien Bolts' zweiter Band der „Considerations". Darin meinte er, von Verelst stammten nur die ersten 42 Seiten seiner Gegendarstellung, den Rest hätten andere geschrieben. Tatsache ist, dass Bolts vor Gericht einen Sieg davontrug – es war allerdings ein Pyrrhussieg, denn er erhielt einerseits von den geltend gemachten 90.000 £ nur ein Drittel ausbezahlt, andererseits zwar die Erlaubnis, auf einem Schiff der Kompanie nach Indien zurückzufahren und sein früheres Amt als Aldermann wieder anzutreten, aber ohne die Genehmigung, Handel zu treiben.[53] Er sah also keine Möglichkeiten, die Prozesskosten und vor allem die Aufwendungen für die Publikation wieder hereinzubringen. Im Herbst 1773 musste er seine Zahlungsunfähigkeit erklären. Doch er gab seinen privaten Krieg gegen die Kompanie nicht auf, und da er auf national-britischer Ebene nicht weiter vorankam, beschloss er, international tätig zu werden. Zuerst versuchte er, Portugal in seinen Rachefeldzug einzubeziehen, und da er dort abblitzte, wandte er sich an Österreich. Aber davon später. Ex-Gouverneur Verelst hingegen wurde zu schwerem Schadenersatz verurteilt; er starb 1785, „gebrochen an Körper und Geist".[54]

Wie ging es mit der britischen Ostindien-Kompanie weiter? Bolts warnte im zweiten Teil seiner „Considerations" die Aktionäre und die britische Regierung, dass sie rechtzeitig die Übel beseitigen mögen, bevor es zu spät wäre: *Man kann mit Wahrheit versichern, dass die Monopole und Anordnungen, welche die britische Kompanie in Bengalen eingeführt hat, dass die Ungerechtigkeiten und Tyrannei der Direktoren und ihrer Bediensteten den Untergang der Manufakturen und Fabriken vollendeten. […] Die letzten Jahre war der Verfall besonders sichtbar."*[55] Der Außenhandel sollte die Haupteinnahmequelle der

---

52 Hallward a. a. O. S. 124
53 Hallward a. a. O. S. 118
54 Hallward a. a. O. S. 130
55 Bolts a. a. O. S. 345, S. 347

Kompanie sein, aber längst hatte sie ihre Aktivitäten auf Steuer- und Zolleinkünfte konzentriert. Die Steuerpolitik glich aber keiner modernen individuellen Veranlagung, sondern einer traditionellen, summarischen Tributzahlung, wie sie seit Langem von den Großmoguln und Nabobs gehandhabt worden war. Und die festgesetzten Preise für Manufakturgüter waren für die Produzenten oft nicht kostendeckend, sodass die Qualität der Waren immer deutlicher zu wünschen übrigließ. Nach und nach schlitterte die Kompanie in die Absatz- und Liquiditätskrise; sie musste sparen, aber nicht bei ihren Angestellten, sondern bei den Nabobs, deren Pensionen beharrlich verringert wurden, bis sie ganz ausblieben. Im Jahr 1771 war die Gesellschaft insolvent geworden: Sie konnte viele ihrer Waren nicht mehr gewinnbringend verkaufen und ihre Schulden nicht mehr begleichen. Diese Probleme mussten allerdings vor der Öffentlichkeit geheim gehalten werden (ebenso wie der schwunghafte Teeschmuggel nach Amerika). Nach außen wirkte die EIC riesig: Sie verfügte anno 1772 über 55 Schiffe mit einer Gesamttonnage von 39.836 Tonnen (1784 waren es bereits 66 Schiffe).[56] Da aber der Regierung die Schwierigkeiten der Kompanie bekannt waren, griff im Jahr 1773 Premierminister Lord Frederick North (1770-1782) ein und bewirkte ein neues Gesetz für die Kompanie, das ein eigenes Ministerium als Oberaufsichtsbehörde und einen Oberstatthalter für Bengalen, Madras und Bombay vorsah. Fortan war die Kompanie nicht länger ein unabhängiger Staat im Staate. Reformen wurden zögerlich angegangen, und erst unter Generalgouverneur **Lord Charles Cornwallis** (siehe unten) vollzog sich in den Jahren 1786 bis 1793 die Transformation des Handelsunternehmens zu einer Staatsorganisation und zum Instrument einer britischen Imperialpolitik.

---

56 Edward Keble Chatterton: The Old East Indiamen. 2017 [EBook #54561]. Abrufbar unter: www.gutenberg.org/files/54561/54561-h/54561-h.htm. S. 162 f.

6. WILHELM BOLTS IN WIEN

Die geografische Position der Habsburgermonarchie als Binnenstaat begünstigte keinen Überseehandel. Denn Triest als einziger nennenswerter Hafen liegt bekanntlich im Norden des Nebenmeeres eines Nebenmeeres – und Letzteres war piratenverseucht. Außerdem musste der Hafen erst ausgebaut werden. Neue Chancen taten sich auf, als Österreich durch den Spanischen Erbfolgekrieg (1701-1713/14) die einstmals Spanischen Niederlande (Belgien) gewann. Die Generalstaaten (Niederlande) hatten ihre südliche Grenze allerdings durch Sperrfestungen an der Schelde gesichert und mit ihnen diese Flussmündung blockiert, sodass das belgische Antwerpen seine Funktion als Hafen und Handelsplatz nicht ausüben konnte (die Scheldesperre existierte von 1585 bis 1794/1815). Als belgischer Hafen kam nur das mit einer mittelalterlichen Mauer umgebene Ostende (Oostende) infrage. Hier gründeten 1722 Antwerpener Geschäftsleute eine mit kaiserlichem Monopol ausgestattete Handelsgesellschaft, die den Handel mit Indien und China betreiben sollte. Diese erste österreichische **Ostendische Handelskompanie** arbeitete sehr profitabel, jährlich wurden 80 bis 100 Prozent des Aktienkapitals von 6 Millionen fl. (Gulden) an Dividenden ausgeschüttet. Die Seemächte Großbritannien und Niederlande sahen hier eine unerwünschte Konkurrenz zu den eigenen Handelskompanien und knüpften als Bedingung für die Anerkennung der Pragmatischen Sanktion (Unteilbarkeit und Untrennbarkeit der habsburgischen Erbländer, weibliche Erbfolge beim Aussterben des Mannesstammes der Dynastie) die Auflösung der österreichischen Ostendischen Handelskompanie. Daher ließ sie Kaiser Karl VI. (1711-1740) im Jahr 1731 liquidieren. Sie verwandelte sich nun in ein höchst gewinnträchtiges Kreditinstitut, das bis zum Ende der österreichischen Herrschaft über Belgien (1797) Bestand hatte.

Gleich zu Beginn der Regierung Maria Theresias (1740-1780) zeigte sich, dass die internationale Anerkennung der Pragmatischen Sanktion wertlos war. Im Österreichischen Erbfolgekrieg (1740-1748) musste die Monarchin erkennen, dass nicht Verträge, sondern nur eine starke Armee den Bestand des Staates und der Dynastie zu sichern vermochten. Es hätte daher für Österreich kein Hinderungsgrund bestanden, abermals eine Handelsgesellschaft zu gründen und mit ihr an die eventuell noch bestehenden Faktoreien in Indien anzuknüpfen. Diesbezügliche Versuche gab es auch, insbesondere hegte der Engländer James Mill anno 1744 den abenteuerlichen Plan, Bengalen mit nur 1.500 bis 2.000 Soldaten unter österreichische Herrschaft zu bringen; William Bolts erwähnt dies sogar in seinen „Considerations".[57] Es wurden bereits drei Schiffe angekauft, doch dann scheiterte der Plan auf die Nachricht hin, dass die österreichische Faktorei in Bankibazar (Bankipur, am Hoogly River nördl. von Kalkutta) von Einheimischen erobert worden war. Wenn man den gewaltigen Aufwand und die Zielstrebigkeit bedenkt, mit der sich die Briten in den Besitz Bengalens gebracht hatten, mutet das Vorhaben Mills von vornherein illusorisch an. Grundsätzlich hätte sich Österreich als Staat aus derart großen Unternehmen ja nicht heraushalten können und jedenfalls einen Konflikt mit dem damals noch verbündeten England provoziert. Zu Bolts' Zeiten vollzog sich allerdings eine Umkehr der Bündnisse: Staatskanzler (seit 1753) Wenzel Anton Graf Kaunitz Rietberg (1711-1794) hatte 1756 mit dem Vertrag von Versailles die seit 1477 bestehende Erbfeindschaft Habsburgs mit Frankreich beendet; Maria Theresias Kinderreichtum machte dynastische Ehen möglich, sodass insgesamt fünf habsburgische Prinzessinnen und Prinzen in die weitverzweigte Bourbonendynastie einheirateten und diese nachgerade penetrierten. Den Siebenjährigen Krieg (1757-1763) fochten daher Frankreich und Österreich gemeinsam gegen Preußen und England aus.

---

57 Bolts a. a. O. S. 240 – siehe auch: Pollack-Parnau a. a. O. S. 6 f.

In wirtschaftlicher Hinsicht kämpften zwei Denkrichtungen gegeneinander: Merkantilismus und Physiokratismus. Der Merkantilismus verlangte eine protektionistische Förderung der eigenen Ökonomie zulasten anderer Länder; dies veranlasste einerseits Eingriffe des Staates durch die Erteilung von Monopolen und Privilegien an die Unternehmer (damit verbunden war eine systemimmanente Korruption). Andererseits sollten durch Schutzzölle Importe verhindert werden, damit die Handelsbilanz nicht ins Passivum abgleite. Möglich machte eine solche Wirtschaftspolitik, dass damals noch jeder Staat, jede Provinz mehr oder weniger autark war. Ein wichtiger Protagonist des österreichischen Merkantilismus (Kameralismus), Philipp Wilhelm von Hörnigk (1634-1714), meinte in seiner 1684 erstmals herausgegebenen Schrift „Österreich über alles, wann es nur will",[58] dass alle Arten von Einfuhr höchst unnötig und sogar schädlich wären, da die Habsburgermonarchie alles Lebensnotwendige selbst produzierte. *„Wenn nun unser Überfluss und unser Mangel gegeneinander gehalten werden, so muss dieser Letzte gleichsam erröten, wenn er mit unserer Unnötigkeit und leichter Ersetzlichkeit unseres Überflusses geachtet und auf die Waagschale gelegt wird. Ich sage von der Würde. Dann was ist in Respekt menschlicher Leibesnahrung würdiger als das werte Salz, das liebe Brot, […] der Wein, die Viehzucht samt dem Feld- und Gartenbau […]. Wir hingegen könnten uns des indianischen Gewürzes mittels unserer inländischen guten Kräuter leicht mäßigen, anstatt des Zuckers […] den Honig gebrauchen […]. Was Vorzug kann sich wohl für unsere Wolle die Seide zumessen […]?"* Importe aus Indien oder China würden also nur „unnötige" Luxusartikel betreffen. Hörnigk konnte noch nicht wissen, dass Wirtschaftsliberalismus und freier Handel allen zum Vorteil gereicht. Er übersah auch, dass Österreich durchaus nach Übersee exportieren konnte (Kupfer, Quecksilber und andere Bergbauprodukte sowie geschmiedete Eisenwaren) und dass beispielsweise das Militär zur Schießpulvererzeugung Salpeter und Schwefel einführen

---

58 Hier zitiert aus dem von Gustav Otruba herausgegebenem Nachdruck in der Österreich-Reihe, Band 249/251, Wien 1964, S. 80 ff.

musste. Er hatte allerdings insofern recht, als die Handelsbilanzen aller europäischen Staaten mit Indien und China bis ins 19. Jahrhundert passiv blieben. Aber hundert Jahre nach Hörnigk erhellte einer der klassischen Nationalökonomen, David Ricardo (1772-1823), mit seiner „Theorie der komparativen Kosten" die Vorteile einer wirtschaftlichen Verflechtung von Staaten: Da die Produktionskosten unterschiedlich seien, wäre es für ein Land günstig, seine billig erzeugten Güter zu exportieren und mit dem Erlös teurere Güter (und Rohstoffe) zu importieren.

Wilhelm Bolts hatte einerseits erfahren, wie profitabel sich der Überseehandel entwickeln konnte, andererseits war er davon überzeugt, dass sich für jenen Staat, der eine von ihm geleitete Handelsgesellschaft mitfinanzierte, große Vorteile ergeben könnten. Nicht zuletzt würde eine neue Ostindienkompanie der britischen East India Company schmerzliche Konkurrenz bedeuten und damit seinen Rachegefühlen Genugtuung leisten. Ganz abgesehen davon versprach er sich hohe persönliche finanzielle Gewinne, durch die er seine eigenen Schulden begleichen konnte; mit Hilfe einer fremden Seemacht wäre es ihm auch möglich, seine Außenstände in Indien einzutreiben. Naheliegend war es für ihn, sich an eine traditionelle Seemacht zu wenden, die selbst über keine indische Kompanie verfügte, nämlich Portugal. Daher wandte er sich an die portugiesische Regierung –, er hatte ja einige Jahre in Lissabon verbracht und die portugiesische Sprache erlernt (siehe oben). Allerdings fand er in Lissabon kein Gehör, sein Angebot wurde ungünstig aufgenommen. Im Spätherbst 1774 wandte er sich an den in London residierenden österreichischen Gesandten, Feldmarschallleutnant **Ludwig Karl Maria v. Barbiano Graf v. Belgiojoso** (1728-1801): Er stellte sich als ehemaliger Beamte der Britischen Ostindien-Kompanie vor, der Indien gut kenne und auch die dortige Sprache beherrsche, ein großes Vermögen besitze und nur wegen einer Kontroverse mit dem Gouverneur das Land verlassen hätte. Sein Vorschlag an die österreichische Regierung ging dahin, von Triest aus eine Expedition nach Indien anzuführen und dort, in Anknüpfung an die ehemalige Ostendische

Handelskompanie Faktoreien zu errichten. Was er dazu benötigte, wären die notwendigen Schiffsdokumente und Empfehlungsschreiben an indische Fürsten. Belgiojoso, der weder von den Zuständen in Indien und vom latenten Kriegszustand der britischen mit den anderen Handelskompanien noch von der gewaltsamen Ausweisung von Bolts genauer informiert war, leitete dessen Ansinnen mit wohlwollenden Empfehlungen am 1. November 1774 direkt an Maria Theresia weiter.[59] *„Es hat sich vor einigen Tagen ein von deutschen Eltern geborener Engländer namens Bolts bei mir gemeldet, der sowohl aus seinen über die Ostindische Kompanie herausgegebenen Schriften als auch aus den Bedingungen bekannt ist, die er mit vielem Eifer durch zwölf aufeinander folgende Jahre in Ostindien auf sich gehabt hat; wo er zu einem solchen Vermögen gelangt ist, dass er nunmehr mit seiner Familie, ohne von jemandem abzuhängen, in aller Gemächlichkeit leben kann. […] Ich habe derhalben teils mit seinen Worten und teils aus seinen vormaligen Streitigkeiten mit Lord Clive und anderen Gliedern des Hofes von Kalkutta, deren Verfolgungen ihn nach England zurückzukommen genötigt, schon eher gekannt und nun seinen Umgang umso angenehmer und unterrichtender gefunden, als er durch seinen langen Aufenthalt in Indien nicht nur die dortigen weitläufigen Besitzungen der englischen Kompanie, sondern auch jener Länder, die bisher noch keiner europäischen Macht unterworfen waren, sehr wohl kennt. Heut zu Tage: Ob er schon einen Teil seines Vermögens in der Kompanie hat, so ist er doch nicht mehr in ihren Diensten. Seine Absichten, die er mich meinem allerhöchsten Hofe im größten Geheimnisse vorzutragen gebeten, weil darinnen alles auf das Geheimnis selbst hauptsächlich ankommen könnte, sind kürzlich Folgende: Er will aus den österreichischen Häfen und namentlich aus Triest einen Handel nach Ostindien und China und von dort wieder zurück unter kaiserlicher königlicher Flagge eröffnen und fortsetzen. […]*

Er verspricht sich von dem persönlichen Einflusse, den er bei verschiedenen indischen Fürsten zu gewinnen die Gelegenheit gehabt, solche Handelsverträge

---

59 Haus-, Hof- und Staatsarchiv, St. Abt. Ostindische Kompanie Triest-Antwerpen, Karton 4, Mappe 1774-76, fol. 1-8. Im Folgenden zitiert: HHStA, OIK.

mit denselben erreichen zu können, die nicht nur der Ehre des kaiserlichen Hofes angemessen, sondern auch fähig sein würden, diese Unternehmung daselbst zu machen und mithin den Grund zu einer Erneuerung jenes Handels zu legen, den vormals die Kompanie von Ostende mit so vielen Vorteilen getrieben hat, ohne dass man wie dazumal von der Nachbarschaft von Holland und England etwas zu befürchten haben könnte.

Er macht sich anheischig, alles dieses ohne Gewalt und ohne eine Land- oder Seemacht, sondern auf so friedliche und ruhige Art zu bewirken, dass es bei keiner Nation die geringste billige Unruhe veranlassen oder den kaiserlichen Hof mit anderen, auf ihren Handel mit Eifersucht wachsenden Staaten in unangenehme Streitigkeiten verwickeln werde, wie es bei der Kompanie von Ostende geschehen ist. [...]

Wenn demnach der hier nur schlechterdings nach seiner Hauptabsicht ausgezeichnete Vorschlag des Herrn Bolts den allerhöchsten Befehl erhalten sollte, so gedenkt derselbe auf seine eigenen Kosten und ohne mindestes Entgelt nach Wien zu gehen, wo er Gelegenheit haben würde, seine Absichten noch besser und genauer zu unterbreiten und alle Einwendungen sorgfältig zu beantworten. Da aber in diesem Falle allzeit das größte Geheimnis, wenigstens insolang erforderlich sein wird, bis einmal die erste Verschickung aus Europa abgegangen sein dürfte, so würde er in Wien nicht als Engländer, sondern in Gestalt eines deutschen Reisenden erscheinen [...]"

Der Wiener Hof erteilte Bolts seine Zustimmung, doch verzögerte sich dessen Abreise aus London bis März 1775, weil er noch einen Prozess führte, bei dem er die enorme Summe von 50.000 £ (das wären umgerechnet fast 500.000 fl.) gerichtlich einforderte. Wie viel er davon erhielt, ist nicht bekannt. Belgiojoso erklärte in einem Schreiben, dass Bolts in Wien den Namen Lopez annehmen und als portugiesischer Kaufmann auftreten wolle. Bei der Gelegenheit erfahren wir, dass der Geschäftsmann zwar Portugiesisch und Französisch (und natürlich auch Englisch) beherrschte, nicht aber Deutsch.[60]

---

60 HHStA, OIK Karton 4, Mappe „Berichte aus Brüssel und London", fol. 3 ff.

In der Reichshaupt- und Residenzstadt Wien umfasste zur Zeit Maria Theresias (1740-1780) der gesamte Hofstaat inklusive der vier Hofstäbe und der Zentralverwaltungsbehörden 4.900 Personen.[61] Die Wiener Behörden arbeiteten schwerfällig und langsam, zumal die Behördenleiter („Präsidenten") keine ministerielle Entscheidungskompetenz hatten und nur das Ergebnis interner Diskussionen mit den Hofräten als schriftlichen Vortrag der Monarchin unterbreiten durften. Bevor etwas entschieden wurde, durchliefen alle Angelegenheiten, also auch die von Bolts geplante österreichische Handelskompanie, einen Staatsrat, als dessen Vorsitzender Staatskanzler Fürst Kaunitz (siehe oben) fungierte. Dort wurde heftig über das Für und Wider debattiert,[62] Hofkammerpräsident Leopold Graf Kolowrat-Krakowski (1727-1809) äußerte sich negativ über eine Wiedereröffnung des Seehandels mit Indien und China, mehrheitlich aber sprachen sich Kaunitz und die übrigen Staatsräte dafür aus. Auch Maria Theresia war davon angetan, der Mitregent Joseph II. (1765 Kaiser, 1789-1790 Alleinherrscher) lehnte hingegen eine staatliche Beteiligung an solchen Unternehmen ab. Man war sich jedenfalls einig, dass keine große Handelskompanie aufgezogen werden sollte, um England nicht zu verärgern. Der Erteilung staatlicher Privilegien stand aber nichts entgegen. Auf alle Fälle sollte Bolts möglichst bald persönlich in Wien erscheinen, allerdings ohne Englands Argwohn zu erwecken. Daher erfolgte die weitere Korrespondenz zwischen Wien und London unter strengster Geheimhaltung, und als Bolts im Mai 1775 endlich nach Wien reiste, tat er dies unter dem Namen des portugiesischen Kaufmannes Lopez.

---

61 Bertrand Michael Buchmann: Hof – Regierung – Stadtverwaltung. Wien als Sitz der österreichischen Zentralverwaltung von den Anfängen bis zum Untergang der Monarchie. = Österreich Archiv, Wien – München 2002, S. 70 ff.

62 Meisterle a. a. O. S. 29 ff. – Pollak-Rantsau a. a. O. S. 10 ff.

Was erwartete Wilhelm Bolts in Wien, der größten Stadt des Heiligen Römischen Reiches und viertgrößten Stadt des Kontinents mit etwa 210.000 Einwohnern (inklusive Vorstädte und Vororte)? Vermutlich kam er vom Süden über die „Triester Straße". Knapp vor Wien berührte die Straße Inzersdorf und stieg zur sanften Anhöhe des Wienerberges an, von wo aus sich wie von dem obersten Sitz eines riesigen Amphitheaters ein prächtiger Ausblick auf die Vororte, die Vorstädte und auf die Innere Stadt bot. Auf diesem Aussichtspunkt stand (und steht noch heute) der gotische Bildstock „Spinnerin am Kreuz", dort befand sich damals auch Wiens Richtstätte. Die „Triester Straße" fiel wieder sanft ab, durchquerte einige unansehnliche Dörfer der späteren „Vororte", wo sich neben der bäuerlichen Bevölkerung auch solche Gewerbetreibenden niedergelassen hatten, welche zwar von der Nähe der Großstadt profitierten, das Leben „inner den Linien" aber für zu teuer hielten. Vielleicht fiel Bolts die rege Bautätigkeit auf, je mehr er sich der Stadt näherte, denn hier suchten die weniger vermögenden Zuwanderer eine dauerhafte Bleibe; vereinzelt hatten auch Adelige und wohlhabende Bürger daselbst ihren Sommersitz aufgeschlagen. Viele Weingärten zeugten vom günstigen, eher trockenen Klima, wobei unserem Reisenden vermutlich bald der ständig wehende Wind unliebsam aufgefallen sein mochte –, viele Besucher beklagten diese für Wien typische Wettererscheinung. Eine kleine Befestigungsanlage, der „Linienwall",[63] zog sich im Zickzack in einem über 13 km weiten Bogen um die „Vorstädte" – so bezeichnete man eine Anzahl von 34 Dörfern mit zusammen 160.000 Einwohnern, die sich um die Innere Stadt drängten, aber doch noch viel Raum für Wein- und Gemüsegärten frei ließen. Der Linienwall erhob sich etwa drei Meter über einen ebenso tiefen Graben und war an der Außenseite („Eskarpe") mit Ziegeln ausgemauert. Es gab damals insgesamt neun Durchlässe, mittels

---

63 Bertrand Michael Buchmann: Der Wiener Linienwall. Geschichte und Bedeutung. Phil. Diss. Wien 1974

derer man von den Vororten in die Vorstädte gelangte; sie ähnelten alle einander: Über eine kleine Brücke gelangte man zu einem großen, auf einer Spindel ruhenden Drehtor. Dahinter öffnete sich ein kleiner Platz, der von einer Kapelle und drei ebenerdigen Häuschen umsäumt wurde: dem Mauthaus (hier mussten Aufschläge für alle Konsumgüter entrichtet werden), dem Wegamt (hier wurde eine Passagegebühr eingehoben) und dem Holzaufschlagamt (Zoll für eingeführtes Brennholz). Gewiss stauten sich auf dem kleinen Platz die Fuhrwerke, weil die Beamten nicht immer schnell genug arbeiteten – jedenfalls gab es viele diesbezügliche Klagen. War der Wagen endlich abgefertigt, Mauten und Aufschläge bezahlt, wurde eine Schranke geöffnet und die Fahrt nach Wien war frei. Nun ging es auf der Triester Straße durch die Vorstädte, zuerst durch „Matzleinsdorf", dann durch die „Wieden". Zahlreiche Einkehrgasthöfe, aber auch Fuhrwerksunternehmen, Schmiede, Wagner usw., alles, was zum verkehrsgebundenen Gewerbe zählte, säumte diese Ausfallstraße in den Süden. Hinter der Zeile mit den meist ebenerdigen, maximal zweigeschossigen Häusern öffnete sich immer wieder der Blick ins Grüne und auf das eine oder andere barocke Schloss –, es sollen damals über dreihundert gewesen sein. Je näher man der Inneren Stadt kam, desto dichter wurde die Verbauung, bis sie vor dem 350 Meter breiten Glacis abrupt endete. Auf diesem „schussfreien Raum" durften keine Häuser stehen, Kaiser Joseph II. ließ später die unbebaute, staubige Fläche in einen Garten mit Alleen umwandeln. Die Straße überquerte nun auf einer kleinen Brücke den Wienfluss, dann hatte man die mächtige frühneuzeitliche Festung[64] vor sich, welche anno 1683 dem osmanischen Ansturm standgehalten hatte, zur Zeit von Wilhelm Bolts aber nicht mehr ganz den Erfordernissen der modernen Kriegführung entsprach. Hinter einem tiefen Stadtgraben erhoben sich 12 Basteien, zwischen ihnen die Vorwerke

---

64 Walter Hummelberger, Kurt Peball: Die Befestigungen Wiens. = Wiener Geschichtsbücher Bd. 14, Wien – Hamburg 1974

(Ravelins) und dahinter die Stadtmauer (Kurtine). Die mächtigen Torwerke (insgesamt 12) gewährten nur tagsüber Einlass in die 52.000 Einwohner zählende Innenstadt. Nachts wurden, wie in allen damaligen Städten, die Stadttore geschlossen. Die Straßen der Innenstadt und auch jene der Vorstädte waren aber nächtens durch Tausende Laternen beleuchtet – an jedem Haus brannte eine. Tagsüber verursachte der dichte Wagenverkehr viel Lärm, vor allem dann, wenn schwer beladene Wagen mit eisenbeschlagenen Holzrädern über die mit runden Flusskieseln gepflasterten Straßen rumpelten. Taglöhner oder auch Sträflinge fegten Pferdemist und sonstigen Unrat von den Gassen. Dennoch ließ die Hygiene viel zu wünschen übrig, zumal jedes Haus straßenseitig seine eigene Fäkalgrube und unweit von dieser im Hinterhof den eigenen Brunnen besaß. Aber Bolts war indische und auch Londoner Verhältnisse gewöhnt und dürfte sich nicht daran gestoßen haben.

Was von all dem sah Bolts, was übersah er? Vielleicht beeindruckte ihn der zur Schau gestellte Reichtum Wiens, denn die Reichshaupt- und Residenzstadt zog Adelige aus der ganzen Monarchie an, welche sich zwar sommers auf ihren Landgütern in den Kronländern der Monarchie, winters aber hier niederließen. Alle Reisenden berichteten damals von Wien als genusssüchtiger Luxusstadt, und das nicht von ungefähr, wenn man bedenkt, dass der Kaiserhof, die Angehörigen der zentralen Bürokratie und des Großhandels hier ihre Stadtpalais bewohnten. Allein davon zeugte eine große Anzahl von Dienstboten, die etwa 45 Prozent aller Innenstadtbewohner ausmachten. Die Kaiserstadt im Überfluss. Allerdings durchstreiften auch Tausende arme und verwahrlose Kinder, Prostituierte und Bettler die Straßen –, etwa 18 Prozent der innerstädtischen Bevölkerung lebte am Existenzminimum. Aber das soziale Elend gab es auch in London, Paris, Benares oder Kalkutta.

Wir wissen nicht, in welcher Innenstadtherberge Wilhelm Bolts Quartier nahm, jedenfalls musste er sich bei der Polizei melden, denn diese überwachte alle neu ankommenden Fremden. Zur besseren Kontrolle waren schon seit dem Jahr 1751 alle Häuser nummeriert worden („Konskriptionsnummer"). Bolts blieb freilich nicht lange ein Fremder, denn schon nach wenigen Tagen bescheinigten ihm die Behörden die österreichische Staatsbürgerschaft – er ist dank des Empfehlungsschreibens von Belgiojoso überall in Wien mit großem Wohlwollen aufgenommen worden.

Ab 10. Mai 1775 verhandelte Bolts persönlich mit den zuständigen Hofstellen,[65] namentlich mit den Vertretern des Staatsrates, des Hof-Kommerzienrates, der Böhmisch-Österreichischen Hofkanzlei, der Hofkammer, des Hofkriegsrates und insbesondere mit Haus-, Hof- und Staatskanzler **Wenzel Anton Fürst Kaunitz-Rietberg** (1711-1794). Am 14. Mai 1775 unterbreitete Bolts sein Angebot:[66] Er plante, noch im selben Jahr zwei Schiffe von Triest nach Ostindien auszurüsten, wobei insbesondere die Malabarküste angesteuert werden sollte, weil dort noch alle Nationen frei handeln könnten. Ferner gedachte er, „erbländische" Exportgüter im Wert von 20 bis 30.000 £ mitzunehmen: Quecksilber, Kupfer, Eisen, Glaswaren und Stoffe. Auch sollten die Schiffe mit Gewehren, Kanonen und der zugehörigen Munition samt Bedienungsmannschaft beladen sein. Ein halbes Jahr nach Abfahrt des ersten sollte ein zweites Schiff nach Indien geschickt werden. Auf dem Rückweg würden die beiden Schiffe Tee, Gewürze, Reis, Salpeter, Farbhölzer (rotes Sandelholz), Porzellanwaren und Musseline mitbringen. Die Gespräche

---

65 Pollack-Parnau a. a. O. S. 20 ff. – Bolts hat zwölf Jahre später in Amsterdam eine Sammlung aller Schriftstücke, die bei den Verhandlungen mit den Wiener Behörden und seinen Geldgebern verfasst worden waren, selbst herausgegeben: Guillaume Bolts: Recueil de Pièces Authentiques. Affaires de la ci-devant Société impériale Asiatique de Trieste gerées à Anvers 1787.

66 HHStA, OIK Karton 1: „Konzepte und Verträge 1775-1786", fol. 1-222

zogen sich länger hin, zumal die Exportgüter aus staatlicher Produktion stammen würden, und für diese müsste der Staat Bolts einen zweijährigen Kredit gewähren. Auch müssten ihm kaiserliche Empfehlungsschreiben an die indischen Fürsten mitgegeben werden. Zwei Wochen verhandelte Bolts über die Preise und über einen besseren Zolltarif. Kaunitz, der von Bolts sehr angetan war, tat alles, um das Geschäft zu beschleunigen. Insbesondere musste er Maria Theresias Bedenken zerstreuen, da sie argwöhnte, dass die Waffen statt nach Indien an die aufständischen Amerikaner verkauft werden könnten. Am 5. Juni 1775 erhielt Bolts das angestrebte „**Octroi**" (Privileg) für den Handel mit Persien, Ostindien, China und Afrika.[67] Es war auf zehn Jahre befristet. Für den Anfang stellte der Staat 13.779 gebrauchte Gewehre (Kosten je Stück: 4 fl. [Gulden] und 15 kr. [Kreuzer], zusammen 58.556 fl.) sowie Kupfer im Wert von 108.054 fl., alles zusammengerechnet 180.050 fl., zur Verfügung[68] und genehmigte die Mitnahme von 20 Soldaten und einigen Kanonen. Dass besagte Summe letzlich uneinbringlich sein würde, konnte niemand voraussehen. Andere Bestimmungen erlaubten Bolts, auch Waren für andere europäische Händler zu übernehmen, mit Sklaven zu handeln und Territorien im kaiserlichen Namen in Besitz zu nehmen – damit wurden die Agenden einer Handelskompanie enorm ausgeweitet und machten sogar die Gründung einer Kolonie möglich.

---

67 HHStA, OIK Karton 4, große Mappe: „Ostindische Compagnie Korrespondenz mit auswärtigen Höfen und Gubernien", kleine Mappe: „Berichte aus Brüssel und London 1775", fol. 98 ff. – Meisterle a. a. O. S. 31 ff.

68 HHStA, OIK Karton 1, „Konzepte und Verträge 1775-86", fol. 1-222. Kabinettsvortrag vom 28. August 1782.

7. VORBEREITUNGEN ZUR SEEFAHRT

So rasch Bolts in Wien seine Angelegenheiten vorantreiben konnte, so mühsam gestaltete sich die Frage der Finanzierung seines Abenteuers, denn seine eigenen Mittel reichten keinesfalls für die Beschaffung und Ausrüstung von Schiffen sowie für die Besoldung von deren Mannschaft aus. Er benötigte einen Geldgeber und allem Anschein nach auch einen Gefährten, Stellvertreter oder Kompagnon, von dem außer seinem Namen **François Ryan** und seinem frühen Hinscheiden im Jahr 1777 nichts bekannt ist. Bolts und Ryan, sein „Gewaltträger", mussten sich gleichermaßen in einem „Submissionsakt" verpflichten, österreichische Vorschriften einzuhalten.[69] Welche Abmachung trafen die beiden, welchen Gewinnanteil würde der Sozius bekommen, welche waren seine Aufgaben? Vielleicht wirkte ein Zweiergespann bei Verhandlungen mit Behörden und Banken vertrauenswürdiger als eine Einzelperson, gewiss aber konnte man bei Bedarf an verschiedenen Orten zugleich tätig werden. Jedenfalls reisten Bolts und Ryan in die österreichischen Niederlande, direkt nach **Antwerpen**. Diese einstige Hafenmetropole galt noch zu Beginn der Neuzeit als reichste Stadt Europas mit über 200.000 Einwohnern; Kriege mit Spanien und vor allem die Scheldesperre verursachten ihren dramatischen Niedergang. Als Bolts und Ryan dort ankamen, zählte die verödete Hafenstadt nur mehr 37.000 Einwohner.

Der kaiserliche Gesandte Georg Adam Fürst Starhemberg (1724-1807) hatte Bolts den Kontakt zum Antwerpener Bankier **Charles**

---

69 HHStA, OIK Karton 5, „Korrespondenzen der Hofkammer mit der Kompanie 1775,76"; Mappe 1775 fol. 3 und 5

Melchior André Proli (1723-1786) vermittelt.[70] Dieser witterte hohen Gewinn und gewährte ihm eine Kaution für die ärarischen Güter (Gewehre, Kupfer) in der Höhe von 121.440 fl.; für das ebenfalls zu verschiffende Quecksilber hatten das Bankhaus Verbrugge und Goll die Kaution übernommen.[71] Am 1. Jänner 1778 gelang es Bolts außerdem, von zwei Londoner Kaufleuten (Peter und John Berthon) eine Kautionsgarantie von 58.560 fl. zu erhalten. Alles zusammen ergab eine hinreichende Garantie für die Ladung der ersten österreichischen Ostindienexpedition. Ob sich dieses Geschäft auch rechnen würde, stand freilich in den Sternen; alle beteiligten Banken gingen also ein ziemlich hohes Risiko ein.

Noch bevor die Verhandlungen mit den Banken abgeschlossen waren, fuhr Bolts unerkannt nach England und erwarb dort ein für den Ostindienhandel geeignetes Schiff, einen Dreimaster, der unter dem Namen **„Earl of Lincoln"** gemeldet war.[72] Dieses mittelgroße Handelsschiff vom Typ „East Indiaman" war 1763 vom Stapel gelaufen, gehörte dem Unterhausabgeordneten, Kapitän und Händler John Durand (1719-1788) und stand bis 1773 im Dienst der Britischen Ostindien-Kompanie. Es verfügte über drei Decks, seine Tonnage betrug 676 Tonnen. Weil man damals Handelsschiffe wie Kriegsschiffe zum Schutz vor Piraten oder Konkurrenten armierte, bot es auf dem Geschützdeck (wie auf einer Fregatte) Platz für 30 Kanonen. Der Neubauwert eines derartigen Kauffahrers mochte bis zu 50.000 £ (Pfund Sterling) ausgemacht haben (das entsprach etwa 500.000 fl.), Bolts bezahlte

---

70 HHStA, OIK Karton 4, große Mappe: „Berichte aus Brüssel und London." u. a. Memoire Bankhaus Proli vom 3. November 1775 fol. 27 ff. – Schreiben Starhembergs an Beligiojoso und Proli vom 16. und 22. November 1775.

71 HHStA, OIK Karton 5, Mappe 1775 fol. 30 ff.; Mappe 1776, Memoire von Rayan vom 6. Juni 1776, fol. 3-16; fol. 20 ff.

72 https://threedecks.org. Zugriff am 5. Dezember 2021.

mit 25.000 £ also die Hälfte des Neubauwertes. Der Preis wird wohl angemessen gewesen sein, denn Bolts kannte sich gewiss mit Schiffen aus. Viermal hatte die inzwischen zwölf Jahre alte „Earl of Lincoln" die weite Reise nach Indien und China unbeschadet überstanden und für Bolts schien sie seetüchtig genug zu sein, um noch zumindest zwei Reisen nach Ostasien standzuhalten. Warum der ursprüngliche Eigner sein Schiff verkaufen und nicht weiter im Dienst der Britischen Ostindien-Kompanie fahren lassen wollte, ist nicht bekannt. Vielleicht waren ihm die Erhaltungskosten (jährlich 40 Prozent des Neubauwertes) im Vergleich zu den Einnahmen aus dem Handelsgeschäft zu hoch geworden. Jedenfalls stand das Schiff abgetakelt und desarmiert zwei Jahre im Hafen und harrte eines Käufers. Für seine entsprechende Ausrüstung fehlten Bolts allerdings noch die notwendigen Mittel.

Daher segelte er rasch zurück nach Belgien zum Abschluss eines Vertrages, der dann tatsächlich am 28. September 1775 zustande kam. Proli und zwei weitere Financiers **(Chevalier Borrekens und Dominic Nagels)** kreditierten Bolts und seinem französischen Gefährten Ryan für zwei gedachte Schiffe je 25.000 £, deren erstes im Februar, das zweite im August 1776 in See stechen sollte. Ausgemacht war, dass der Wert der Ladungen je Schiff 450.000 £ nicht übersteigen durfte. Bolts und Ryan würden vom Einkauf in Indien eine Provision von 2 Prozent erhalten, Proli und Co. ebenfalls 2 Prozent für den Verkauf in Europa, der Reingewinn wäre nach dem Schlüssel aufzuteilen: zwei Drittel für Bolts, ein Drittel für Proli. Bolts spielte freilich nicht mit offenen Karten, denn er gedachte wohl, über die Köpfe der belgischen Bankiers hinweg insgeheim auch seine eigenen Handelsaktivitäten in Ostindien wieder aufzunehmen. Aber auch Proli ließ sich nicht über den Tisch ziehen und erzwang später eine Neufassung des Vertrags, der zwar für Bolts die Erhöhung der Einkaufsprovision auf 5 Prozent vorsah und ihm erlaubte, dreieinhalb Jahre in Indien zu bleiben –, so konnte er privat, aber unter kaiserlicher Flagge Handel betreiben; dafür aber durfte

Proli drei weitere Schiffe nach Indien entsenden. Da Bolts erklären musste, kein Handelsmonopol anzustreben, war für Proli de facto der eigene Handel mit diesen drei gedachten Schiffen freigegeben. Zugleich genoss er alle diplomatischen Vorteile, die der Wiener Hof Bolts' Expedition gewährte; dazu zählen die Information an alle österreichischen Auslandsvertretungen und vor allem die – in lateinischer Sprache abgefassten – förmlichen Empfehlungsschreiben an den Kaiser von China, an den König von Siam, an den Schah von Persien, an den Großmogul und an andere indische Fürsten.[73] Jedenfalls wurde vereinbart, dass Bolts die erste Expedition persönlich begleiten würde. Der Vertrag vom 28. September 1775 war schnell geschlossen, aber es sollte noch ein ganzes Jahr vergehen, bis das erste Schiff der neu gegründeten Handelsgesellschaft ablegen konnte.[74] Denn es spießten sich die unterschiedlichen Vorstellungen: Proli forderte die Gründung einer Aktiengesellschaft mit einem Grundkapital von drei Millionen fl., um das Risiko zu streuen und nicht mehr von Bolts allein abhängig zu sein. Staatskanzler Kaunitz lehnte dieses Ansinnen sogleich ab – er wollte das Unternehmen so klein wie möglich halten, um keinen Argwohn bei den Seemächten zu erwecken. Uneinigkeit herrschte ferner bezüglich des Hafens, von dem das erste Schiff auslaufen sollte und der dann auch als Sitz der neuen Ostindienkompanie dienen würde. Ostende kam ja keinesfalls infrage, weil mit England 1731 die Auflösung der ersten Ostendischen Handelskompanie ausgemacht worden war (siehe oben) und Wien London nicht vergrämen wollte. Die Idee, Triest als Sitz der Handelsgesellschaft zu etablieren, wie dies der Wiener Hof befürwortete, musste ebenfalls fallengelassen werden, obwohl Triest (ebenso wie Fiume) 1717 zum Freihafen erklärt worden war und unter Maria Theresia energisch ausgebaut wurde. Statt Triest wurde Livorno (damals auch „Leghorn"

---

73 HHStA, OIK Karton 5, große Mappe: „Korrespondenzen der Hofkammer mit der Kompanie 1775, 76"; kleine Mappe fol. 50ff.

74 Meisterle a. a. O. S. 36ff. – Pollack-Parnau a. a. O. S. 25ff.

genannt) ausersehen, die Hafenstadt des Großherzogtums Toskana, wo seit 1765 Großherzog-Erzherzog Leopold (1790-1792 Kaiser Leopold II.) regierte.

Bolts fürchtete das piratenverseuchte Mittelmeer und suchte um Begleitung durch eine toskanische Fregatte an:[75] Denn seit alters betrieben die nordafrikanischen Provinzen des Osmanischen Reiches Algier, Tunis und Tripolis, eine gut organisierte Seeräuberei, welche die Grundlage für den Reichtum der jeweiligen Deys (Statthalter) schuf. Mit dem Niedergang des Osmanischen Reiches erfreuten sich diese Barbaresken oder Raubstaaten immer größerer Unabhängigkeit und nahmen keine Rücksicht auf die Politik des Sultans. Schon im Frieden von Passarowitz (21. Juli 1718) hatte Wien osmanischen Schutz und Beistand vor den nordafrikanischen Korsaren eingefordert. Doch die Deys hielten sich nicht an solche Vereinbarungen und noch im Mai 1781 brachten die Barbaresken drei unter kaiserlicher Flagge laufende Handelsschiffe auf.[76] Selbst ein neuer Vertrag (8. August 1783), der die volle Unverletzlichkeit der österreichischen Flagge garantierte, änderte nichts an der Gefährlichkeit einer Mittelmeerdurchfahrt.[77] Bolts' Bitte um Geleitschutz war also durchaus berechtigt, wurde aber zunächst in Wien abgelehnt, weil man die Tauglichkeit toskanischer Kriegsschiffe bezweifelte; an ihrer statt sollten in Ostende 25 Soldaten und einige Kanonen zum Schutz vor einer Kaperung an Bord gebracht werden.[78] Bolts legte aber gar nicht in den Niederlanden an, um die Reise nicht noch weiter zu verzögern. Auf der Strecke von Livorno nach Gibraltar

75 HHStA, OIK Karton 4, Mappe „Korrespondenz 1776": Berichte aus Lissabon, London, Florenz, fol. 32 ff.

76 HHStA, OIK Karton 5, Mappe F, fol. 20

77 Bertrand Michael Buchmann: Militär – Diplomatie – Politik. Österreich und Europa von 1815 bis 1835. Frankfurt am Main, Bern, New York, Paris 1991, S. 381

78 HHStA, OIK Karton 3, Mappe 1775 fol. 1-40

begleitete dann doch die toskanische Fregatte „Toskana d'Etruria" das österreichische Handelsschiff.

Alles dauerte viel zu lange, die Zeit drängte, denn alle Vorbereitungen mussten geheim bleiben, bevor die Seemächte Kunde von der österreichischen Indienexpedition erhielten und deren Durchführung verhinderten. Während Wien die Absendung der Frachtgüter nach Livorno betrieb, beeilte sich Bolts in London, die „Earl of Lincoln" segelfertig zu machen. Die Vorbereitungen nahmen etliche Tage in Anspruch. Er musste einen Kapitän unter Vertrag nehmen; seine – wie sich bald zeigen würde, unglückliche – Wahl fiel auf einen entfernten Verwandten namens Samuel Butler, der dann für das Anheuern der Mannschaft von etwa 60 Seeleuten verantwortlich war. Zu deren Versorgung mussten ausreichend Trinkwasser und Wein (zur Verlängerung und Veredelung des bald faulig werdenden Trinkwassers) sowie frische Lebensmittel aufgenommen werden. Für den reibungslosen Schiffsbetrieb galt es, ausreichend Taue, Ersatzsegel, Bau- und Brennholz sowie Werkzeug mitzuführen. Ende November 1775 hätte das Schiff bereits von London aus in See stechen können, aber erst im Februar 1776 war man tatsächlich zum Auslaufen bereit; allerdings zwangen ungünstige Winde bald nach dem Verlassen des Hafens zur Umkehr. Erst am 14. März 1776 lichtete die „Earl of Lincoln" definitiv die Anker. Erstes Etappenziel war Lissabon.

Was nun geschah, wirft ein nicht gerade günstiges Bild auf den Abenteurer Wilhelm Bolts, denn er spielte so wie mit seinem Financier Proli auch gegenüber den internationalen Seefahrtsbestimmungen ein doppeltes Spiel. Er segelte zunächst unter englischer Flagge, benannte sein Schiff jedoch bald nach dem Auslaufen in „**Joseph und Theresia**" um. Der Mannschaft wurde Gibraltar als Reiseziel angegeben, doch als die Männer in Erfahrung brachten, dass die Fahrt erst nach Livorno und dann nach Indien abgehen sollte, meuterten sie gegen den Schiffseigner Bolts und forderten erfolgreich einen höheren Lohn –, Kapitän

Samuel Butler hatte die Matrosen dazu nachgerade angestiftet.[79] Das rechtliche Problem bestand darin, dass der Mannschaft vor Antritt einer Fahrt das Reiseziel bekanntgegeben werden musste. Wenn also das Schiff unter britischer Flagge anlegte und offiziell nach Gibraltar unterwegs wäre, Matrosen und Offiziere aber über die wahre Absicht des Schiffseigners unterrichtet waren, könnte dies als Verrat gewertet werden, sodass die Beschlagnahmung des Schiffes drohte. Um eine solche abzuwehren, ließ Bolts – bereits in Sichtweite des Hafens von Lissabon – die englische Flagge einholen und die österreichische Flagge aufziehen. Damit stellte er sich unter österreichischen Schutz. Das hinderte allerdings britische Soldaten der Fregatte „Levant" nicht daran, die „Joseph und Theresia" zu entern und deren Ladung als vermeintliches Schmuggelgut zu beschlagnahmen. In Wien war man empört. Staatskanzler Kaunitz schrieb an den österreichischen Gesandten in Portugal, **Baron Adam von Lebzeltern** (1735-1818):[80] *„Das Betragen des Herrn Marquis de Pombal [1699-1782; erster Minister Portugals] gegen Herrn Bolts läuft nicht nur gegen alle freundschaftlichen Rücksichten, sondern gegen alles Recht und Billigkeit. Ich trage also demselben [Lebzeltern] hiermit ganz gemessen auf, sich auf das Nachdrücklichste und Ergiebigste für Herrn Bolts zu verwenden. [...]"* In der Folge hatte Lebzeltern alle Hände voll zu tun, um die Freigabe des Schiffes zu bewirken und die portugiesischen Behörden günstig zu stimmen, obwohl deren Sympathie eindeutig aufseiten Englands lag.[81] So konnte das Schiff am 24. Mai 1776 von Lissabon absegeln, um dann bei einem Zwischenstopp im spanischen Cadiz die 60 britischen Seeleute

---

79 HHStA, OIK Karton 3, große Mappe „Korrespondenzen der Hofkammer mit der Kompanie 1775, 1776"; kleine Mappe 1776 fol. 41ff: Schreiben von Bolts an Proli (9. April 1776); fol. 50ff: Schreiben von Bolts an Hofkammer (9. April 1776).

80 HHStA, OIK Karton 4, Mappe „Korrespondenz 1776", fol. 40.

81 Ebenda. Ausführlich auch bei: Meisterle a.a.O. S. 38f. – Pollack-Parnau a.a.O. S. 32ff.

gegen spanische auszuwechseln. Dies war insofern notwendig, als es britischen Seeleuten schon seit 1721 verboten war, mit österreichischen Händlern nach Indien zu fahren. Am 24. Juni fuhr das Schiff endlich in den Hafen von Livorno ein, wo auch die spanische Mannschaft entlassen wurde. Die Affäre von Lissabon schlug hohe Wellen, sodass von Geheimhaltung des Ostindienabenteuers keine Rede mehr sein konnte. Demgemäß berichtete ein Angestellter der Britischen Ostindien-Kompanie brieflich im April 1776 dem britischen Foreign Office:[82] *„Herr Bolts, einst Angestellter der Englischen Ostindienkompanie, [...] bekannt durch seine Publikation über seine Angelegenheiten in Ostindien, kam hier vor ein paar Tagen an auf einem englischen Schiff, benannt nach ‚Earl of Lincoln‘, mit Ladung [gemeint: Ladekapazität] von annähernd 1100 Tonnen [de facto waren es 680 Tonnen] an. Er fuhr von London auf dem englischen Schiff, bemannt mit etwa 60 britischen Seemännern unter dem Kommando von Kapitän Samuel Butler; beinahe alle von ihnen wurden von Bolts von dem Schiff entlassen, und andere werden angeheuert, bevor das Schiff den Hafen verlässt. Es ist schwer anzuzweifeln, dass er unterwegs zu einer Reise nach Ostindien ist, im Einverständnis mit dem Wiener Hof, und er betrat diesen Hafen unter kaiserlicher Flagge. Aber er versichert, dass sein Ziel die Straße von Gibraltar ist. Ich verstehe in Wahrheit, dass er schnellstens nach Livorno unterwegs ist und dass er dort mehrere bereite Schiffe findet und mit ihnen nach Indien fährt, begleitet von einem mit Vollmacht ausgestatteten Franzosen namens Ryan.“* Bemerkenswerterweise nahm die britische Regierung kaum Notiz von Bolts’ weiteren Aktivitäten, auch nachdem ein mit 20. April 1776 datiertes Schreiben des britischen Gesandten in Florenz an das Foreign Office meldete,[83] dass zwei dänische und ein holländisches Schiff von Triest in Livorno ankamen, beladen mit Kanonen, Kugeln, Musketen und Flinten; die Ladung war für Herrn Frank, einen Kaufmann aus Hamburg, bestimmt, der sich

---

82 Hallward a. a. O. S. 135f.
83 Hallward a. a. O. S. 136 f.

in Florenz am Hof des Großherzogs aufhielt.[84] An Bord befanden sich etliche österreichische Soldaten, alle Lutheraner. Geplant wäre eine Handelsreise nach China, und mit Billigung der Kaiserin sollte eine echte Handelskompanie gegründet werden. Maria Theresia versicherte, so steht es in dem Schreiben, dass die Waffen nicht für die amerikanischen „Rebellen" bestimmt wären. Letztere Angabe dürfte London dazu veranlasst haben, nicht weiter in Wien vorstellig zu werden. Denn um diese Zeit ging der amerikanische Unabhängigkeitskrieg gegen England (1775-1783) seinem Höhepunkt entgegen: Am 12. Juni 1776 erhielten in der „Virginia Declaration of Rights" erstmals die Menschenrechte Gesetzeskraft und wenig später, am 4. Juli 1776, erfolgte die Unabhängigkeitserklärung der Vereinigten Staaten, deren Text großteils die britische Kolonialpolitik verurteilt.

Ryan war also inzwischen in Triest angekommen und betrieb die Bereitstellung jener Waren, die mit der „Joseph und Theresia" nach Indien gebracht werden sollten.[85] Es gab noch allerhand Vorbehalte seitens der Hofkammer und des Hofkriegsrates, bis schließlich auf zwei Schiffen die Metalle von Triest nach Livorno transportiert wurden, dazu noch 32 Kanonen samt Munition, welche dem Schutz des Schiffes dienten, sowie zwei Feldgeschütze, falls man tatsächlich Land erwerben und verteidigen sollte. Auch 25 österreichische Soldaten und fünf Artilleristen fuhren mit –, auf ausdrücklichen Wunsch des Kaisers mussten es Protestanten sein, nicht nur, weil Bolts selbst Protestant war, sondern auch, weil sie dem katholischen Erzhaus als eher entbehrlich galten. Damit Bolts eine entsprechende Kommandogewalt über die 25 Militärs geltend machen konnte, stattete ihn der Hofkriegsrat mit dem Rang eines Oberstleutnants aus und verlieh ihm auch für die Dauer der Expedition das ius gladii

---

84 HHStA, OIK Karton 4, Mappe „Relationen" fol. 135
85 HHStA, OIK Karton 3, Mappe 1775, fol. 31, 34

(Vollmacht, die Todesstrafe zu verhängen und vollstrecken zu lassen).[86] Kaiser Joseph II. stimmte dem zu, obwohl er nicht allzu viel von Bolts' Asienabenteuer hielt. Er bemerkte zu einem Vortrag des Hofkriegsrats: *„Dem Bolts, so wenig ich auf sein ganzes Unternehmen halte, ist dennoch der Obristleutnants Titel zu erteilen."*[87] Die feierliche Ernennung erfolgte nach seiner Ankunft aus Lissabon in Livorno am 6. Juli 1776. Etwa zeitgleich erhielt Proli, der sich ebenfalls in Livorno einfinden musste, als Gegenleistung für sein Versprechen, in Triest und Brügge Handelshäuser zu errichten, die Erhebung in den Grafenstand. Die Monate Juli und August dienten dem Umladen der Metallwaren und der Anheuerung der Besatzung. Am 24. September 1776 legte die „Joseph und Theresia" von Livorno ab.

An Bord fuhren folgende Personen mit:[88] Neben Bolts (Schiffseigner und Supercargo) und seinem Kompagnon Ryan der Kapitän (aus dem Großherzogtum), vier Steuermänner (Ober-, Unter- usw. Steuermann), ein Schiffsarzt und ein Wundarzt, drei Bootsmänner (verantwortlich für die Takelage), drei Kanoniere mit je einem Gehilfen, drei Wirtschafter, drei Zimmermänner (verantwortlich für den Rumpf des Schiffes), drei Waffenmeister, zwei Segelmacher, zwei Köche für die Mannschaft, zwei Köche für die Offiziere, ein Gehilfe, zwei Diener, drei Zimmerkellner, ein Schneider, ein Passagier (Name unbekannt) und bemerkenswerter Weise auch drei Frauen („3 dames et fille de chambre"). Hinzu kamen 25 Soldaten (Kanoniere, Unteroffiziere, Korporäle, Soldaten) und nicht zuletzt 83 Matrosen. Das ergab zusammen 153 Personen. Kommandosprache war Italienisch, zumal auch die Besatzung großteils italienischer Herkunft war. Die Soldaten wurden auf die „See-Artikel" eingeschworen und mussten

---

86 HHStA, OIK Karton 4, „Berichte aus Brüssel und London", fol. 57 ff.
87 Ernst Görlich: Zu Wilhelm Bolts' Nikobaren-Expedition. In: MIÖG 51, 1937-12, S. 188-190
88 HHStA, OIK Karton 6: Mappe 1767-1785

folgende Eidesformel leisten:[89] „*Wir geloben und schwören dem kais.* *königl. Herrn Obristleutnant und Kommandanten dieses ehestens auslaufenden Schiffes, Guillaume Bolts, dass wir alles dasjenige, so in denen uns nunmehro vorgelesenen See-Artikeln enthalten ist und denen wir vollkommen verständiget worden sind, [...] folglich, was in solchen Geboten und Verboten ist, auf das Genaueste und diesem allen nachkommen wollen. So wahr uns Gott helfe und sein Heil. Evangelium.*"

Bolts, Ryan, der Kapitän und der Passagier belegten im hinteren Deckaufbau ihre Kajüten. Dort gab es noch Platz für die geräumige Offiziersmesse sowie für Kajüten der wichtigsten Offiziere wie den Obersteuermann, den ersten Schiffszimmermann, den ersten Bootsmann und den Schiffsarzt. Von der EIC ist überliefert, dass bei Truppentransporten die anderen Offiziere lediglich über Leinwandkojen verfügten, die mit Latten auf dem (unteren, unbedingt wasserdichten) Deck verschnürt waren und durch eine schmale Türe aus Leinwandpaneelen betreten werden konnten – je geringer der Rang, desto kleiner der Raum; beim Kampfeinsatz mussten die Kojen rasch abgebaut werden.[90] Auch Koch und Segelmacher hatten eine bessere Unterkunft als die übrige Mannschaft (Voll- und Leichtmatrosen, Schiffsjungen), welche alle in ziemlich beengten Verhältnissen hausten, wo eine Hängematte neben der anderen angebracht war. Unter Deck standen auch die Geschütze; wenn für sie keine Verwendung anstand, konnte die Geschützöffnung von innen durch eine Bordklappe wasserdicht verschlossen werden.[91] Auf dem Geschützdeck hatten auch die 25 von Bolts mitgeführten Soldaten ihre Hängematten aufgebaut.

---

89 HHStA, OIK Karton 3: Große Mappe „Korrespondenzen der Staatskanzlei mit den Hofstellen 1774-76, 1778-80"; kleine Mappe 1776, fol. 1-71, hier fol. 5 ff.

90 Chatterton a.a.O. S. 236

91 Allgemein zur Segel- und Hochseeschifffahrt siehe: Detlev Ellmers. In: Enzyklopädie der Neuzeit, Bd. 5, Stuttgart – Weimar 2007. S. 552-560. Ders. in: ebenda, Bd. 11, Stuttgart – Weimar 2010, S. 741-748

Das Schiff ‚Joseph und Theresia‘, eine Rekonstruktion nach alten Skizzen, gezeichnet von Bernhard Kollmann.

8. ERSTE KOLONIEGRÜNDUNG IN DER DELAGOA-BUCHT

„Eine Seefahrt, die ist lustig …". Es gab aber auch einen anderen Spruch: „Wenn du beten lernen willst, dann fahr zur See." Daher sei hier jenes Gebet aus dem ausgehenden 17. Jahrhundert zitiert, das von den Seefahrern der Britischen Ostindien-Kompanie an Bord gesprochen wurde. Bemerkenswert ist, wie hier der puritanische Geist spürbar ist: Da gemäß dem protestantischen Ethos die Arbeit als Gottesdienst anzusehen ist, gilt die Fürbitte zunächst dem Arbeitgeber, der EIC, und erst an zweiter Stelle dem eigenen Heil:[92] *„O allmächtiger und barmherziger Gott, Du bist der allmächtige Beschützer all jener, die Dir vertrauen und der Urheber aller dies- und jenseitigen Segnungen! Lass Deine Gnade, so flehen wir Dich demütig an, immer gegenwärtig sein, und mit Deiner Dienerin, der englischen Kompanie, die nach Ostindien handelt. Umarme sie mit Deiner Gunst wie mit einem Schild. Lass all ihre öffentlichen Unternehmungen gedeihen und mache sie erfolgreich in all ihren Angelegenheiten, sowohl zu Wasser als auch zu Lande. Gewähre, dass ihr durch die Zunahme an Ehre, Reichtum und Macht ein gemeinsamer Segen erwachse […]. Gib besonders uns Dein Wohlwollen in dieser Zeit, da wir von der ganzen Welt getrennt sind und hier im weiten Ozean einzig von Dir abhängen. […] Du allein kannst uns in den Hafen bringen, der uns bestimmt ist. Zu Deiner Macht und Barmherzigkeit flehen wir daher demütig um Zuflucht und Schutz vor allen Gefahren in dieser langen und gefährlichen Reise. Behüte uns ständig mit Deiner Gnade an jedem Ort. Bewahre unsere Verwandten und Freunde, die wir verlassen haben, und bringe uns endlich wieder in Sicherheit zu ihnen nach Hause – und mit dem gewünschten Erfolg. Gewähre, dass jeder von uns – immer im Bewusstsein Deiner väterlichen Güte und Deines zärtlichen Mitgefühls uns gegenüber – Deinen Namen durch ein ständiges Bekenntnis des*

---

92 Chatterton a. a. O. S. 123

christlichen Glaubens und durch ein reines, gerechtes und frommes Gebet durch den verbleibenden Teil unseres Lebens verherrlichen kann. All dieses bitten wir um unseres Erlösers Jesu Christi willen, dem mit Dir und dem Heiligen Geist alle Ehre, Lobpreis und Herrlichkeit zugeschrieben werden, jetzt und in Ewigkeit. Amen." In Zeiten der Segelschifffahrt war eben das Queren der Ozeane mit vielen Gefahren verbunden und Unglücksfälle galten eher als Regel denn als Ausnahme. In einer in Rouen erschienenen „Histoire de plusieurs voyages aventureux" (Geschichte vieler abenteuerlicher Reisen) steht zu lesen: *„Von den Gefahren, die dem Menschen auf seinem Lebenswege zustoßen können, ist gewiss keine so bedrohlich und dabei doch so vielfältig und so gewöhnlich wie diejenige, die den Menschen begegnet, welche zur See fahren; und zwar sowohl ihres häufigen Vorkommens wegen als auch in Ansehung ihrer Unerbittlichkeit, Grausamkeit und schicksalhaften Gewalt. […] Denn nicht nur ist, wie schon die Alten sagen, das Leben derer, die zur See fahren, vom Tode nur drei oder vier Finger breit entfernt, eben um so viel, wie eine Planke stark ist; sondern die Unglücke, die sich Tag für Tag auf dem Meer ereignen können, [sind] so mannigfach, dass es für die, welche es befahren, entsetzlich wäre, sich dieselben sämtlich vor Augen zu führen, wenn sie ihre Reise unternehmen wollen."*[93] Die größte Gefahr, die einem Schiff drohte (und droht), war bzw. ist das Feuer. Daher herrschte die von der EIC eingeführte Regel, dass nach 20 Uhr alle Flammen gelöscht werden mussten; zwischen den Decks durften Kerzen noch bis 21 Uhr brennen, in den Kabinen bis 22 Uhr.[94] (Der französische Schriftsteller Julius Verne hat in seiner Erzählung: „Der Chancellor"

93 Zitiert nach Martina Lehner: Reise ans Ende der Welt (1588-1593). Studie zur Mentalitätengeschichte und Reisekultur der frühen Neuzeit anhand des Reisetagebuches von Georg Christoph Fernberger von Eggenberg = Beiträge zur Neueren Geschichte Österreichs, Hrsg. Bertrand Michael Buchmann, Bd. 13, Frankfurt am Main – Berlin u. a. 2001, S. 69
94 Chatterton a. a. O. S. 242

äußerst anschaulich die Folgen eines Schiffsbrandes zur Zeit der Segelschifffahrt dargestellt.[95])

Wilhelm Bolts aber hatte auf seinen weiten Seereisen stets Glück und musste niemals Schiffbruch erleiden. Auch erlitt er weder Krankheit noch Unfall an Bord, und das war auch nicht selbstverständlich, denn es hieß, dass von den britischen Truppentransportern von England nach Bengalen über 50 Prozent der angeworbenen Soldaten die Überfahrt nicht überlebten, nach der Ankunft starben weitere 10 Prozent. Was trieb die Männer dazu, sich einem solchen Risiko auszusetzen und sich als Matrosen oder Schiffsoffiziere anheuern zu lassen? Abenteuerlust und bessere Bezahlung als bei vergleichbarer Tätigkeit auf dem Land, dazu noch freie Kost und Unterkunft. Die EIC bezahlte einem Kapitän monatlich 10 £, seinem Stellvertreter 5 £, dem Kapitänskoch 3,5 £, dem Kanonier 3,1 £, dem Schiffskoch 2,1 £ und dem Matrosen 2,5 £.[96] Der Frachtpreis wurde 1783 mit 32 £ pro Tonne fixiert (die Versicherung verlangte zusätzlich 10 £ je Tonne). Wenn nun der Kapitän seine Ladung gewinnbringend verkaufte, winkten ihm pro Reise zwischen 2.000 und 10.000 £ zusätzlich. Ob er seinen Offizieren oder gar der Mannschaft einen Teil davon abtrat, sei dahingestellt. (Zur Erinnerung: 1 £ kann mit etwa 10 fl. umgerechnet werden.)

95 Julius Verne: Der Chancellor. Wien – Pest – Leipzig 1877
96 Chatterton a. a. O. S. 144

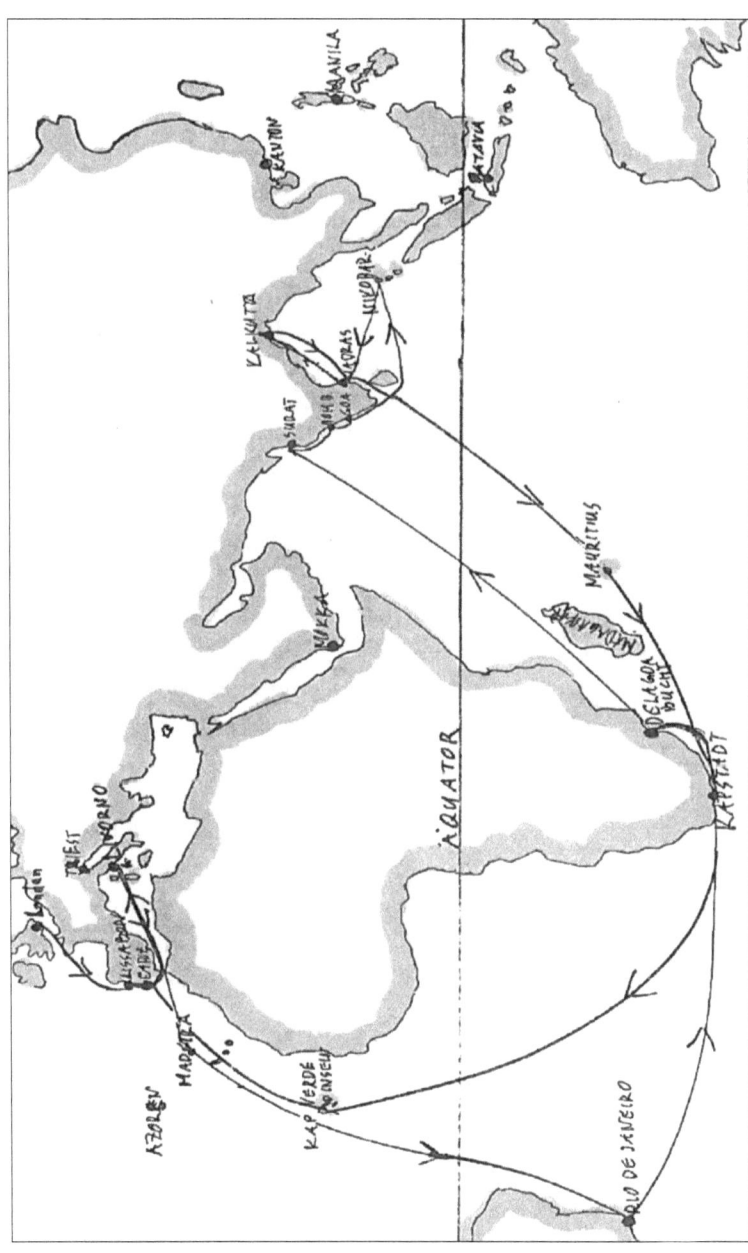

Reiseroute der Joseph und Theresia' 1776-1781. Zeichnung von Bertrand Michael Buchmann

89

Die „**Joseph und Theresia**" lichtete also am 24. September 1776 die Anker und sollte erst nach mehr als viereinhalb Jahren zurückkehren. Der Wert des Schiffes samt Ladung betrug etwa eine dreiviertel Million fl., dem entsprachen 72.000 £. 80 Prozent des Wertes waren versichert.[97] Erstes Etappenziel war Funchal auf Madeira. Auf der Fahrt durch das Mittelmeer gab die toskanische Fregatte „Toskana d'Etruria" Geleitschutz vor den Barbaresken, nach der Meerenge von Gibraltar war Bolts' Schiff auf sich allein gestellt. Nach einmonatiger Fahrt erreichte man die Insel Madeira, doch dort gab es Schwierigkeiten zweifacher Art:[98] Einerseits bliesen derart heftige Südwinde, gegen die der Hafen von Funchal nur unzureichend Schutz bot, sodass das Schiff schon nach vier Tagen ablegen musste. Andererseits gestattete der portugiesische Gouverneur der Insel den Österreichern nicht, einige Fässer Wein und auch Holz zu laden. Warum blieb unbekannt, vielleicht hatte die EIC ihre Hände im Spiel. Diese Vermutung wird durch einen Brief vom 24. Dezember 1776 erhärtet, den das Londoner Direktorium an den Gouverneur in Kalkutta richtete und der die weitere Handlungsweise der Briten bestimmte: *„Es ist besonders notwendig, dieses Projekt [von Bolts] von Anfang an zu bekämpfen, denn wenn die Abenteurer schon beim ersten Versuch auch nur einen mittelmäßigen Erfolg haben, wird es sie nicht von künftigen Versuchen abhalten. [...] Briten, die an der Expedition teilnehmen, sind zu verhaften und nach England zurückzubringen."*[99] Später entschuldigte sich die portugiesische Regierung nach heftigen Demarchen aus Wien, doch da war Bolts schon längst abgereist. Es war ihm heimlich doch gelungen, das Gewünschte an Bord zu bringen.

---

97 Pollack-Parnau a. a. O. S. 35

98 HHStA, OIK Karton 4, große Mappe: „Korrespondenz der Staatskanzlei 1777-80, 1782-86. Angelegenheit Lissabon 1777" fol. 1-35. Ausführlich bei: Pollack-Parnau a. a. O. S. 36. – Meisterle a. a. O. S. 44

99 Hallward a. a. O. S. 140

Am 1. November 1776 setzte die „Joseph und Theresia" ihre Reise fort. Über den weiteren Verlauf der Fahrt unterrichtet uns das vom Schiffswundarzt **Nikolaus Fontana** angelegte Schiffstagebuch.[100] So erzählt er über die Seemannsriten beim Passieren des Äquators: *„[wir] kamen den 31. [gemeint ist der 30. November] unter der Linie an, die wir noch die nämliche Nacht passierten. Hier wurden die gewöhnlichen Schiffszeremonien verrichtet, welche darin bestehen, dass diejenigen, welche zum ersten Male die Linie passieren, in Seewasser getaucht werden, wovon sie sich durch ein kleines Geschenk an die Matrosen loskaufen."*[101] Woher aber wusste man an Bord, wann der Äquator gequert wurde? Die Navigation zur genauen Positionsbestimmung des Schiffes war ein überlebenswichtiges, aber schwieriges Unterfangen, das vom Kapitän und seinem Stellvertreter, dem ersten Steuermann, gemeistert werden musste. Solange man sich in Küstennähe befand, gelang die Orientierung durch Beobachtung markanter Punkte, die an Hand gedruckter Küstenansichten (die gab es seit 1520) erkennbar waren. Für die Fahrt auf hoher See musste man auf andere Hilfsmittel zurückgreifen. Seit dem 13. Jahrhundert erlaubte der Kompass die Bestimmung der Himmelsrichtung, die es einzuschlagen galt; bei Nacht und Schönwetter halt der unverändert im Norden strahlende Polarstern. Mithilfe der vom niederländischen Geografen und Kartografen Gerhard Mercator (1512-1594) anno 1569 konstruierten winkeltreuen Seekarte konnte man den Kurs quer über den Ozean zum angestrebten Ziel ermitteln. Wenn aber gekreuzt werden musste, wurde die Kursbestimmung schwieriger: Man behalf sich damit, den Kurswechsel und die jeweils zurückgelegte Strecke

---

100 Nikolaus Fontana: Tagebuch der Reise des kais. kön. Schiffes Joseph und Theresia nach den neuen österreichischen Pflanzorten in Asia und Afrika. An Herrn Brambilla, Leibwundarzt Sr. Majestät des Kaisers und Protochirurgus der k. Armeen. Aus der italienischen Handschrift übersetzt von Joseph Eyerel. Dessau – Leipzig 1782
101 Hier und folgend: Fontana a. a. O. S. 8 ff.

auf der Karte einzutragen – die Schiffsgeschwindigkeit konnte durch das Vorbeitreiben eines ins Wasser geworfenen Holzstückes festgestellt werden. Je länger die Fahrt dauerte, je öfter der Kurs gewechselt werden musste, desto ungenauer wurde die Positionsbestimmung. Der Breitengrad konnte mithilfe eines Winkelmessgerätes (Sextant) an der Höhe der Mittagssonne oder des Polarsternes und unter Benützung entsprechender Tabellen festgestellt werden. Man musste aber auch die jeweilige Uhrzeit kennen: Dazu dienten gläserne Sanduhren mit einer Laufzeit von einer halben Stunde ("ein Glas"); wenn der Schiffsjunge die Sanduhr umdrehte, ertönte die Schiffsglocke. Nach acht Glasen, also vier Stunden, erfolgte der Wachwechsel an Bord. Eine neue Schicht trat ihren Dienst an, der wiederum vier Stunden dauerte. Daher musste jede Funktion auf dem Schiff mindestens doppelt besetzt sein, um das Schiff Tag und Nacht manövrierfähig zu halten. Ein lange Zeit ungelöstes Problem stellte die Bestimmung des Längengrades dar. Diese gelang erst, nachdem der englische Uhrmacher John Harrison (1693-1776) ab 1728 einen genau gehenden Schiffschronometer entwickelt hatte und 1766 der englische Astronom Nevil Maskelyne (1732-1811) exakte Tafeln zur Bestimmung der Mondbewegung herausgab (1766 "Nautical Almanac").[102] Chronometer waren allerdings teuer und für die Expeditionen von Bolts längst nicht verfügbar –, nicht einmal James Cook führte auf seiner ersten Entdeckungsreise (1768-1771) einen Chronometer mit sich und stützte sich lediglich auf Maskelynes Mondtafeln und einen Sextanten.

Nächstes Etappenziel der "Joseph und Theresia" sollte Trinitade (Dreifaltigkeitsinsel) im mittleren Südatlantik sein, ein Sturm

---

102 The Nautical Almanac and Astronomical Ephemeris, for the Year 1767 – Siehe auch: Dava Sobel: Längengrad. Die wahre Geschichte eines einsamen Genies, welches das größte wissenschaftliche Problem seiner Zeit löste. Berlin 1996

trieb das Schiff jedoch nach Westen, sodass es am 24. Dezember **Rio de Janeiro** anlaufen musste. Der Hafen galt als einer der meistbesuchten der Erde, wichtigster Stapelplatz für Kolonialwaren und bedeutendster Ruhepunkt für die Schifffahrt nach Ostindien und Südwestafrika. Weil der Aufenthalt in Rio nicht geplant war, gab es für die Mannschaft nicht viel mehr als einen einwöchigen Landurlaub; frisches Wasser und Holz wurden eingeladen, und am 2. Januar 1777 stach das Schiff wieder in See in Richtung Kap der Guten Hoffnung, das nach knapp zwei Monaten umsegelt wurde. Heftige Stürme ließen es nicht zu, zwischenzeitig die Vulkaninsel Tristan da Cunha, die auf halbem Weg zwischen Südamerika und Südafrika liegt, zu untersuchen. Hier wäre ein österreichischer Stützpunkt vielleicht möglich gewesen, denn die 1460 vom portugiesischen Admiral Tristão da Cunha entdeckte Inselgruppe im Südatlantik wurde erst viel später, 1816 von Großbritannien in Besitz genommen.

Der Tagesablauf an Bord eines Segelschiffes ist durch das Wetter bestimmt.[103] *„Der Himmel, schicksalhaft, unberechenbar, darf nicht eine Sekunde unbeobachtet bleiben. Mit dem bloßen Auge, mit dem Fernglas wird der Horizont abgesucht, ohne Unterlass. Bei schwellender Brise, beim Nahen einer Böe sind die Segel zu mindern, zu streichen, bei frischendem Wind zu vermehren. Dreht der Wind, wird gehalst, dreht er weiter, nochmals gehalst. Selten tritt der Fall ein, dass mehrere Stunden lang Windrichtung, Windstärke gleichbleiben – es sei denn, man segelt unter dem Passat."* Kapitän oder diensthabender Offizier kommen nicht zur Ruhe. Sie müssen Himmel und Wolken ständig beobachten, die Windstärke messen, die Windrichtung registrieren. Bei Nacht muss das Geschehen am Firmament und die See mit doppelter Aufmerksamkeit beobachtet werden. Für die Matrosen heißt es, dass beim Segelmanöver

---

103 Vgl. das Tagebuch des Seekadetten Franz Lauffer in: Dora Lauffer: Die Wellen. Altösterreichische Familiensaga zwischen Adria und Schlesien. Graz 1989, S. 222 f.

jeder Griff sitzen muss: In tiefster Dunkelheit, bei Schlechtwetter, in Sturm und Regen müssen die Matrosen auf dem Seil stehend, in schwindelnder Höhe mit beiden Händen die schweren Segel bedienen. Bei gutem Wetter müssen Ausbesserungs- und Reinigungsarbeiten aller Art durchgeführt werden. Dass auf einem Schiff eine streng hierarchische Ordnung herrschte und die gesamte Mannschaft dem Kapitän unbedingten Gehorsam schuldete, war eine Notwendigkeit, ohne die ein Schiff in Gefahrensituationen nicht bestehen konnte. Daher war dieser auch befugt, drakonische Strafen zu verhängen und zu exekutieren. Auf der Fahrt der „Joseph und Theresia" kam aber keine Insubordination vor.

Ab dem 15. März 1777 segelte die „Joseph und Theresia" in Küstennähe nach Norden bis zur **Bucht von Delagoa** (im heutigen Moçambique). Hier beabsichtigte Bolts die Gründung einer österreichischen Niederlassung, denn die Lage schien ihm geeignet als Etappe auf dem Weg nach Indien. In nautischer Hinsicht sollte die Lage nur Vorteile bieten: Die Bucht (auch „River Mafumo" genannt) besteht aus einem äußeren, bereits einigermaßen windgeschützten Teil, von dem man nach ca. 7 km durch eine etwa 1 km breite Engstelle in den großen, etwa 8 km langen und ebenso breiten inneren Teil gelangt, der als Hafen bestens geeignet ist; in dessen Ende münden drei teilweise schiffbare Flüsse (Massinganyâani, Forlôti, Inkôskè), die ins Innere Afrikas führen. Auch in ökonomischer Hinsicht war die Auswahl dieses Platzes günstig, denn noch heute ist der Hafen in der Delagoa-Bucht einer der führenden Umschlagplätze an der ostafrikanischen Küste, und nicht von ungefähr entwickelte sich der 1544 vom Portugiesen Lourenço Marques entdeckte Ort später zur Hauptstadt von Moçambique (heute: Maputo). Wie sah es aber in politischer Hinsicht aus? Für portugiesische Seefahrer war die Delagoa-Bucht ein wichtiger Stützpunkt, aber auch andere Seemächte hatten dessen vorteilhafte Lage erkannt: Im Verlauf des 18. Jahrhunderts besetzten abwechselnd Holländer und Briten den Anlegeplatz, und es musste klar sein, dass auch Portugal über kurz oder lang wieder Besitzansprüche geltend machen würde (1782 erhielt der nach Lourenço Marques benannte Hafen dann eine portugiesische Garnison, 1789 eine Festung). Vorerst aber, seit 1698, hatten sich die Portugiesen angesichts mehrerer Zusammenstöße mit den arabischen Sultanaten von Masquat (Oman) auf das Kap Delgado im äußersten Norden (heute an der Grenze zu Tansania) zurückgezogen. Als Bolts also hier im Jahr 1777 vor Anker ging, schien es, als hätten sowohl die Araber als auch die europäischen Seemächte ihr Interesse an der Delagoa-Bucht verloren. Allerdings ankerten dort immer wieder Handelsschiffe verschiedener Nationen, um das begehrte Elfenbein aufzunehmen (oder Sklaven zu kaufen).

Ende März 1777 lief die „Joseph und Theresia" in die äußere Bucht von Delagoa ein, wo sie vor den heftigen Stürmen geschützt schien. Allein die Nähe des Festlandes brachte andere Gefahren mit sich. Man wusste, dass die meisten verloren gegangenen Schiffe nicht auf hoher See kenterten, sondern an der Küste strandeten. Daher vertraute man üblicherweise das Schicksal eines Schiffes erfahrenen Lotsen an, nur konnte es einen solchen auf der „Joseph und Theresia" nicht geben, weil ja das Terrain unbekannt war. Als dann bei Ebbe und unvermuteter Windstille der Wasserspiegel absank, saß das Schiff plötzlich dort, wo man es am wenigsten vermutete, nämlich in der Mitte der Einfahrt von der äußeren in die innere Bucht auf einer Sandbank fest. Um es wieder flott zu machen, musste es erleichtert werden: Zwölf Tage mühte sich die Mannschaft mit dem Abtakeln und Umladen der Fracht auf ein anderes Schiff –, es ankerten also, wie gesagt, auch fremde Handelsschiffe in der Bucht. Bolts schickte auf einem von ihnen seinen Kompagnon Ryan nach Indien voraus, damit er dort die Absichten der Engländer in Bezug auf Österreichs Aktivitäten in Erfahrung bringen sollte –, dass diese Absichten keine guten waren, sollte Bolts alsbald erfahren. Schon in einem Rundschreiben an die Direktoren der Kompanie in Madras und Bombay vom 7. Juli 1777 wurde allen Angestellten jeglicher kommerzielle und sonstige Umgang mit Bolts, seinen Agenten und Seeleuten verboten, ebenso jede direkte oder indirekte Unterstützung mit Geld, Gütern oder Schiffsbedarf.[104] (Die beiden Geschäftspartner Bolts und Ryan sollten einander nicht mehr sehen, denn Ryan erlag am 12. Dezember 1777 in Madras einer Krankheit.)

Nach zwölf Tagen stieg der Meeresspiegel wieder an, sodass die „Joseph und Theresia" wieder flott wurde und in das Innere der Bucht einfahren konnte. In die große Delagoa-Bucht münden drei Flüsse, die jeweils von Galeriewäldern gesäumt werden. Dahinter liegen Lagunen, Sümpfe und unfruchtbare Sandböden. Die Eingeborenen (von der Bantuethnie Tembe) errichteten ihre Krals daher möglichst weit vom Wasser entfernt auf höher gelegenem Gelände. Das Klima ist subtropisch, im Südsommer feucht und heiß, im Südwinter warm und trocken. Der Schiffsarzt Fontana beschreibt dieses dem Europäer äußerst abträgliche Land wie folgt:[105] *„Die westliche Küste des Flusses [gemeint ist die gesamte Bucht, die auch ‚River Mafumo' genannt wurde] ist niedrig, morastig und mit unfruchtbarem Gesträuche bewachsen. In der Nachbarschaft befinden sich einige Sümpfe, welche, wenn das Meer niedriger wird, die Luft mit schädlichen Ausdünstungen und einer ungeheuren Menge quälender Insekten anfüllen. Das gegenseitige Ufer liegt höher, hat einen sandigen, trockenen Boden. Die Hütten der Einwohner befinden sich in großer Entfernung von dem Fluss. In dieser traurigen Lage wurden wir noch mehr dadurch gekränkt, dass man die Lebensmittel, welche dem kranken Schiffsvolk am zuträglichsten waren, nicht ohne große Schwierigkeiten herbeischaffen konnte. Die Missernte, welche die Wilden vor einiger Zeit erlitten hatten, hinderte sie uns frische Lebensmittel zu liefern."*

Üblicherweise sah die Verpflegung auf den Hochseeschiffen höchst eintönig und nach heutigen Begriffen ungesund aus: Entscheidend war die lange Lagerfähigkeit der Lebensmittel, daher beschränkten sich die Mahlzeiten auf Zwieback, Trockenfleisch, gesalzene

---

104 Hallward a. a. O. S. 141
105 Fontana a. a. O. S. 11 ff.

Fische, Teigwaren und Trockengemüse, ergänzt durch Sauerkraut. Besonders schwierig war die Versorgung mit Flüssigkeiten: Koch- und Trinkwasser faulten sehr bald in den Holzfässern, daher kamen dem Wein und dem Branntwein besondere Bedeutung zu; wenn nur irgend möglich, steuerte man Stützpunkte an, wo man frisches Trinkwasser fassen konnte. Ein besonderes Problem bildete die Hygiene: Da die Holzschiffe nie vollkommen wasserdicht waren, sammelte sich im untersten Teil des Rumpfes („Bilge") Wasser an, das durch Speisereste, sonstige Abfälle und auch menschliche Ausscheidungen (bei schwerem Seegang konnte die Reling nicht als Abort benutzt werden) bald eine giftige Brühe bildete, aus der – insbesondere im feuchtheißen Tropenklima – ungesunde Ausdünstungen die Luft im Schiffsinneren verpesteten. Speisen verschimmelten, Ratten und Ungeziefer (Wanzen, Flöhe, Läuse, Kakerlaken) vermehrten sich rasch und quälten die Mannschaft. Nikolaus Fontana berichtet, dass einige Matrosen seit Ende März unter Skorbut (Scharbock) zu leiden begannen:[106] Diese Krankheit tritt bei völligem Mangel an Vitamin C auf und äußert sich in Apathie bzw. Müdigkeit, Zahnfleischbluten, Lockerung der Zähne, Verzögerung der Wundheilung und sogar in Störungen der Herztätigkeit. Bemerkenswerterweise hatte sich das schon im beginnenden 17. Jahrhundert von einigen Engländern erkannte Heilmittel gegen Skorbut noch lange nicht durchgesetzt: Sie verabreichten jedem Seemann des Morgens drei Löffel Limonensaft, der in Flaschen transportiert wurde; und sie verzichteten möglichst auf Salzfleisch.[107] Doch davon wusste Fontana nichts, und es kam noch schlimmer: *„Ab 1. April äußerte sich unter unseren Leuten ein epidemisches Faulfieber, das innerhalb eines Monats so weit um sich griff, dass zwei Drittel der Mannschaft gefährlich krank lagen."* Es dürfte sich um eine leichte Form des von Läusen übertragenen Fleckfiebers gehandelt haben: Die Erkrankten litten unter hohem Fieber, Kopf- und Gliederschmerzen; drei Soldaten starben. Erst Anfang

---

106 Fontana a. a. O. S. 10 f., 13 f.
107 Chatterton a. a. O. S. 59

Juli ebbte die Krankheit ab, und die „Joseph und Theresia" trat ihre sechswöchige Fahrt nach Indien an. Nun aber nahm der Skorbut überhand, und laut Fontana litten diejenigen am meisten, welche das Fieber verschont hatte.

Während des durch Krankheiten erzwungenen Aufenthalts in der Delagoa-Bucht nahm Bolts mit drei einheimischen Herrschern (im vorkolonialen Afrika gab es noch keine Stammesstrukturen) Kontakt auf: Mit Mohaar Capell, dem König von Tembe, mit Chibanzaan, König von Matola, sowie mit Bilene, dem König von Mafumo. Mit diesen schloss er am 3. und 7. Mai im Dorf Mocôwa im Namen des Kaisers förmliche Kaufverträge.[108] Gegen entsprechende Geschenke erhielt er das Recht zum Landerwerb an beiden Ufern der Bucht und zum Bau von Festungen, außerdem sicherte er sich das Exklusivankaufsrecht von Elfenbein. Da Bolts die Errichtung einer Kolonie vor Augen hatte, setzte er auch durch, dass außerhalb des gekauften Territoriums Plantagen angelegt werden durften, von deren Ertrag lediglich ein Prozent dem jeweiligen Herrscher abzuliefern wäre. Sklaven würden die Arbeit auf den Plantagen verrichten. Da Bolts in Indien langjährige Erfahrung im Umgang mit einheimischen Würdenträgern gesammelt hatte, fand er sogleich den richtigen Ton. Aber in welcher Sprache verständigte er sich mit den einheimischen Machthabern? Die Verträge wurden in Englisch aufgesetzt. Talentiert wie Bolts war, eignete er sich in kürzester Zeit elementare Sprachkenntnisse in Suaheli an, für die Verhandlungen diente dann neben Englisch auch das Arabische, wobei für das Arabische ein portugiesischer Übersetzer, Luiz José Lopez, herangezogen wurde.

---

108 HHStA, OIK Karton 2, Verträge vom 3. Mai 1777 – Karton 5, große Mappe „Korrespondenzen 1778", kleine Mappe C: Schreiben von Bolts und Proli fol. 1-30; Schreiben über die Etablissements von Bolts 1776-78 fol. 31; Verträge vom 3. Mai 1777 fol. 36 ff. Planskizzen der Delagoa-Bucht. Instruktionen für Andrew Daniel Pollet vom 16. Juli 1777 fol. 48-54

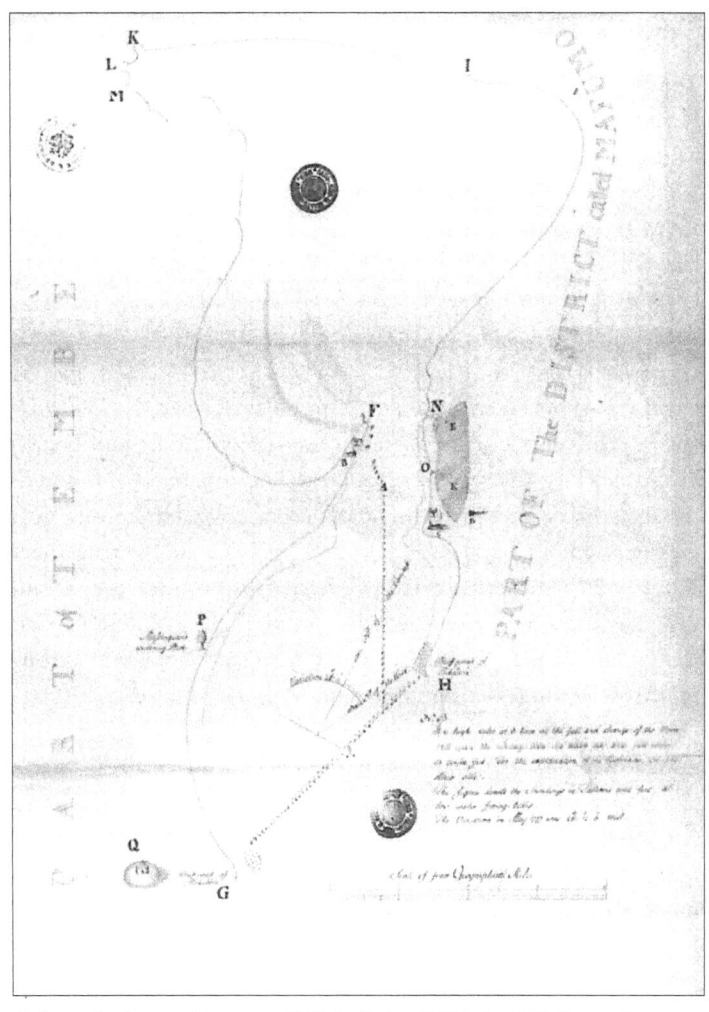

Delagoa-Bucht, gezeichnet von Wilhelm Bolts. HHStA, OIK Karton 5

Legende:

A: Lage der gestrandeten „Joseph und Theresia"

B: Fort St. Mary auf der Tembe-Seite

C: Fort St. Joseph auf der Mafumo-Seite

D: kleiner gemauerter Trinkwassertank

E: seichter Grund, bei Hochwasser überflutet

F, N: Engstelle zwischen äußerer und innerer Bucht
G: Mahabone Kliff, südliche Grenze der Delagoa-Bucht auf der Tembe-Seite
H: Ribgûené Kliff, südliche Grenze der Delagoa-Bucht auf der Mafumo-Seite
I: schmaler Bach, genannt Imfoolĕne
K: Mündung des Flusses Massingâani, führt zu König Matôlas Wohnsitz
L: Mündung des Flusses Forlôti
M: Mündung des Flusses Inkôske

Zwei von Bolts eigenhändig gefertigte Planskizzen der Delagoa-Bucht erhellen die Lage: Gedacht war an zwei Forts auf beiden Seiten der Engstelle zwischen äußerer und innerer Bucht, sodass die Einfahrt in den großen Hafen gesperrt werden konnte. Das westliche „Fort St. Maria" auf der „Tembe-Seite" wurde allerdings nicht realisiert, das östlich gelegene „Fort St. Joseph" auf der „Mafumo-Seite" wurde jedoch tatsächlich aus Stein gebaut, mit einem Strohdach gedeckt, von einem mit Palisaden gekrönten Erdwall umgeben und mit zehn Männern aus der Schiffsbesatzung besetzt. Obenauf wehte die kaiserliche Flagge. Zehn Kanonen dienten der Verteidigung (das Zahlenverhältnis in Mann pro Kanone ist an sich unsinnig; Bolts rechnete aber gewiss mit baldiger personeller Verstärkung). Knapp hinter dem Fort speiste eine vor einem Hügel entspringende Quelle einen kleinen gemauerten Frischwassertank. Über die grundsätzlich ungesunde Lage berichtet der Schiffsarzt Fontana:[109] „Solange das dicke Gesträuche, womit die Ufer dieses Flusses bewachsen sind, nicht ausgehauen wird, muss die Luft den Einwohnern allzeit schädlich bleiben. Denn die abgefallenen Blätter, die anderen fremden Körper, welche darunter begraben bleiben, die Moräste und der verhinderte Zug der Luft werden diese Gegend allzeit ungesund und tödlich machen. Da nun auf diese Art die Lage des Ortes eine Quelle beständiger Krankheiten in dem

---

109 Fontana a. a. O. S. 12 f.

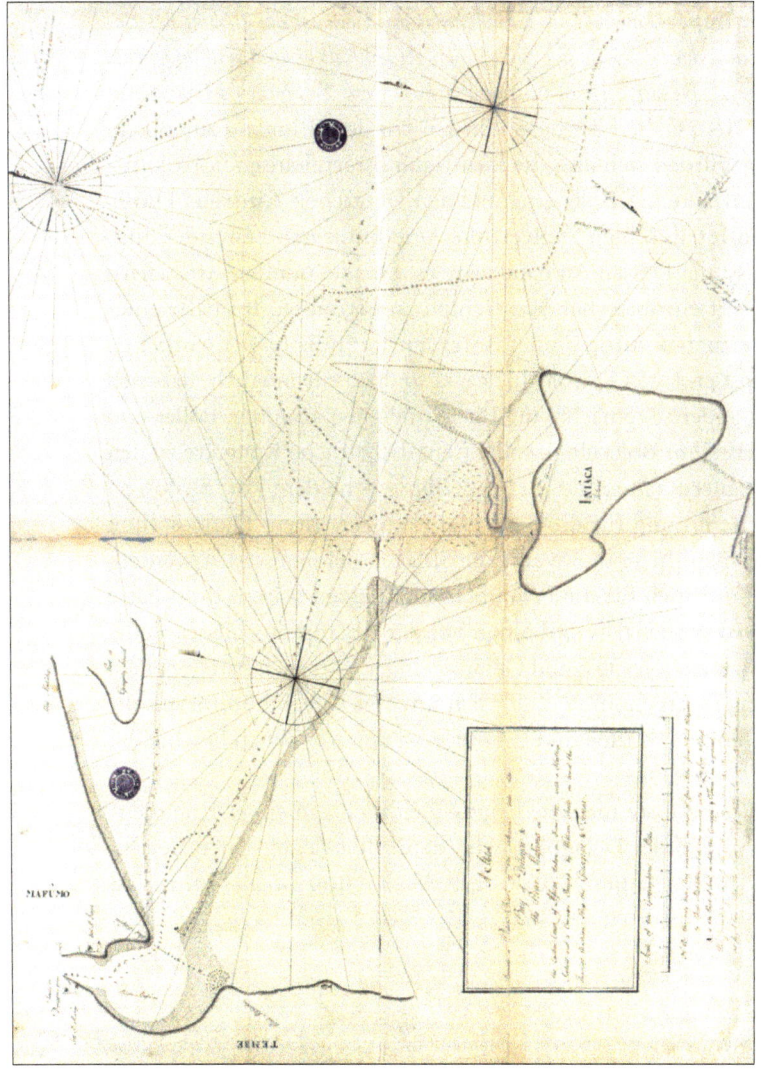

Delagoa-Bucht, gezeichnet von Wilhelm Bolts. HHStA OIK, Karton 5

101

österreichischen *Pflanzorte gewesen wäre, so wurde [von Bolts] beschlossen, dass die Wohnungen der Kolonisten auf einer der Inseln der Bucht, nahe an der Mündung des Flusses [Mafumo] und des festen Landes erbaut werden sollen, wo die Erhabenheit des Bodens, der Anbau des Bodens und der freie Zug der Seeluft den Aufenthalt gesund und angenehm machen."* Besagte Insel namens Iniâca bzw. St. Mary's Island mit dem Berg Calico liegt etwa 36 km vor dem Eingang zur Bucht. Hier würden sich also die künftigen österreichischen Kolonisten aufhalten.[110] Bolts ernannte den Deutschen **Andreas Daniel Pollet** als seinen Stellvertreter und künftigen Leiter der Niederlassung. Dessen Aufgabe wäre es, Handel mit den Afrikanern und mit europäischen Kaufleuten zu betreiben. Im Falle einer bewaffneten europäischen Intervention müsste er förmlichen Protest einlegen –, Bolts hielt es also doch für möglich, dass sich auch andere Seemächte die Bucht aneignen könnten. Pollet – so schärfte ihm Bolts ein –, sollte freundschaftliche Kontakte zu den Afrikanern halten, sie zur Ansiedlung nahe dem Fort St. Joseph animieren und für diese auch Hütten errichten. Dafür sollten je 50 männliche und weibliche Sklaven herangeschafft werden, die dann auch für die Feldarbeit einzusetzen wären. Bolts hatte weit vorausgedacht und schon vor der Abfahrt aus Livorno etliche Samen von Obst und Gemüse eingekauft; auch hatte er einen Gärtner mitgenommen, der sich um den Anbau kümmern sollte. Getreide, Kaffee und Gewürze wären vor Ort zu beschaffen.

In Wien wusste man die längste Zeit nichts über die Koloniegründung in der Delagoa-Bucht, denn Bolts legte seinen Bericht erst am 20. August 1782 vor.[111] Aber schon am 21. Juni 1778

---

110 Meisterle a. a. O. 55 ff. – Siehe auch: Stefan Meisterle: Die koloniale Ostindienpolitik des Wiener Hofes in den Jahren 1775-1785. In: WGBL 62, 2007 H. 4, S. 17-29

111 HHStA, OIK Karton 1, Bericht von Bolts „über die von ihm gegründeten Etablissements an dem Flusse Mafumo …" fol. 236-290

schrieb Proli der Hofkanzlei:[112] „*In der Bucht von Delagoa bei der Mündung des Mafumo wurde Bolts auf eine Sandbank geworfen und hielt selbst sein Schiff für so beschädigt, dass er sich dessen nicht mehr zu bedienen können glaubte. Er setzte die Ladung an Land und schickte seinen Gefährten Ryan nach Bombay, um alldort ein neues Schiff zu erkaufen. Indessen verlor er seine Zeit nicht in Delagoa. So erhielt er von dem Oberhaupt dieser Bucht, welcher ein unabhängiger Schwarzer ist, das Eigentum des Hafens, in welchem sich noch keine Nation festgesetzt hat und welcher in unseren Rücksichten für die Handlung sehr vorteilhaft ist. Um hiervon förmlich Besitz zu nehmen, ließ er ein kleines Bollwerk mit k. k. Flagge daselbst aufwerfen. Und als indessen gegen alles Vermuten sein Schiff durch die hohe Ebbe von selbst wieder instand gesetzt wurde, ließ Bolts zur Benützung seines Etablissements in Delagoa neun Kanonen und sieben Personen zurück, mit der übrigen Equipage aber segelte er, ohne etwas von seiner Ladung verloren zu haben, nach Surat, wo er den 5. Herbstmonat [September] voriges Jahr anlangte. Er fand daselbst einige Schwierigkeiten, die ihm wahrscheinlich von der englischen Handelsgesellschaft bereitet worden sind [...].*"

---

112 HHStA, OIK Karton 3: Große Mappe „Korrespondenz der Staatskanzlei mit Hofstellen 1774-76, 1778-80", kleine Mappe 1778, fol. 8 ff.

9. WIEDER IN INDIEN

Bolts war über die Machtverteilung in Indien wohl informiert: Die Briten beherrschten Bengalen und die (östliche) Koromandelküste, hier stießen sie kaum noch auf nennenswerte Konkurrenten – mit Ausnahme der Franzosen in Pondicherry. An der (westlichen) Malabarküste gab es jedoch neben den britischen Hauptstützpunkten Bombay und Surat noch Bereiche, die von den Portugiesen (Goa), den Franzosen (Mahè) und insbesondere von indischen Potentaten kontrolliert wurden: Im Süden hatte der Abenteurer **Haidar Ali** (Hayder-Ali Khan, 1721-1782) ein Reich mit dem Zentrum Mysore erobert. Er stand im Bündnis mit den Franzosen, und als die Briten 1779 die französische Niederlassung Mahè besetzten, gab es Krieg. Haidar Ali nahm im Juli 1780 die nördliche Malabarküste zwischen Goa und Mangalore (Karnataka) in Besitz und vernichtete im September dieses Jahres eine britische Brigade; sein plötzlicher Tod 1782 rettete die Briten vorerst. Doch schon ein Jahr später hatten sie gegen revoltierende Bauern zu kämpfen, die sich unter Führung ihrer Zemindars (Steuereinheber) erhoben und erst in offener Feldschlacht besiegt werden konnten. Dann gab es 1790-1792 wieder Krieg gegen Haidar Alis Sohn Tipu Sultan (1750-1799), der das Werk seines Vaters fortsetzte. Letztlich unterlag er aber und verlor einen großen Teil seines Reiches.

Nördlich vom Reich Haidar Alis lag das riesige Herrschaftsgebiet der **Marathen**. Diese unterstanden nie dem Großmogul und waren unter der Dynastie der Peshwa eine indische Großmacht geworden – sie hatten sogar den Kaiser Aurangzeb (s. oben) zur Tributzahlung gezwungen. Von ihrer Hauptstadt Puna (Poona; 250 km östl. von Bombay) aus sicherten sie sich weite Teile Nordindiens, ständige Raubzüge in die Nachbarfürstentümer stählten ihre kriegerischen Fertigkeiten. Sie griffen auch die Zentren der britischen Herrschaft Madras (1639), Bombay (1661) und Kalkutta (1696) an. Wilhelm Bolts schreibt über dieses Volk:[113] *„Die Marathen besitzen ein weit ausgedehntes Land. Die Arbeiter und Fabrikanten lassen zuweilen alles im Stich und ziehen in den Krieg. Ihre ganze Erziehung ist kriegerisch und ihre Heere bestehen ganz aus Reitern. Seit langer Zeit ans Rauben und Plündern gewöhnt, sind sie beständig zu kriegerischen Unternehmungen bereit. [...] Sie sind von Natur wild und grausam, verstümmeln ihre Feinde und foltern sie zu Tode. Aber zur Erntezeit müssen sie heim, denn die Soldaten sind auch Bauern."* Bolts erkannte zurecht, dass die Macht der Marathen für die Britische Ostindien-Kompanie gefährlich werden könnte, zumal sie auch die Hälfte der Provinz Orissa erobert hatten; von den Engländern erpressten sie einen jährlichen Tribut von 200.000 £ und hielten Bediente der Kompanie als Pfänder zur Sicherstellung der Bezahlung. In den Jahren 1775-1782, 1803-1805 und 1817-1819 tobten dann tatsächlich drei Marathen-Kriege mit den Briten. Als Bolts in Indien ankam, war der erste Marathen-Krieg in vollem Gange.

Am 21. Juli 1777 verließ die „Joseph und Theresia" also den afrikanischen Kontinent und nahm Kurs auf Indien; am 6. September ankerte sie in **Surat**. Fontana bemerkte recht treffend zu dieser Stadt:[114] *„Sie war ehemals berühmt und der vornehmste Seehafen des Großmoguls. Jetzt ist sie fast gänzlich der englischen ostindischen Kompanie unterworfen. Diese wusste sich unter dem Vorwand, den Platz gegen feindliche Einfälle zu verteidigen, im Jahre 1759 von der Festung und dem Hafen [zum] Meister zu machen. Nunmehr ist es so weit gekommen, dass der Mogul bloß die Kosten zu tragen hat und den Engländern die Einkünfte bleiben."* Die Engländer genossen aber nicht nur die Einkünfte dieses bedeutenden Handelsplatzes (240 km nördlich von Bombay), sondern bestimmten auch das politische Geschehen in dieser Stadt, die damals bereits 80.000 Einwohner

---

113 Bolts a. a. O. 21 f.
114 Fontana a. a. O. S. 14

zählte. Auf Anweisung des Gouverneurs (Rawson Hart Boddam) durfte die „Joseph und Theresia" kein Frischwasser aufnehmen und auch keine Kranken an Land setzen, was insofern von Bedeutung gewesen wäre, als bis dato bereits 29 Männer verstorben waren. Auf den Protest gegen diese schwere Verletzung des internationalen Seerechts[115] gewährte der französische Konsul **Anquetil de Brioncourt** dann doch Hilfe, sodass laut Fontana zumindest Wasser gefasst werden konnte. Aber bereits nach zwei Tagen musste Bolts den Hafen verlassen. Doch in dieser kurzen Zeit sah er seine Frau Ann zum ersten Mal seit neun Jahren wieder, denn sie durfte – sehr zum Ärger der Briten – die Gastfreundschaft des französischen Konsuls genießen.[116] War es Zufall, dass die beiden just zu diesem Zeitpunkt und an diesem Ort zusammentrafen? Wohl kaum. Es ist anzunehmen, dass die Eheleute während der langen Zeit einen entsprechenden Briefverkehr pflegten. Konkretes wissen wir allerdings nicht. Für den Geschäftsmann Bolts gab es hingegen keinen Zweifel darüber, was ihm fortan in Indien im Einflussbereich der Britischen Ostindien-Kompanie bevorstand. Einem Schreiben des Gouverneurs von Bombay ist zu entnehmen, dass alle britischen Niederlassungen den strikten Befehl erhielten, jeglichen Handel und jegliches Geschäft mit ihm zu verhindern.[117] Doch es wäre nicht Bolts gewesen, wenn er nicht sogleich mehrere geharnischte Beschwerden an den Bombay Council gerichtet hätte,[118] nämlich dass das Verhalten der Britischen Kompanie das herrschende gute Einvernehmen zwischen den Höfen von Wien und London unterbrochen hätte. Auch stellte er die beiden Fragen: ob kaiserliche Schiffe so wie die Schiffe von Frankreich, Portugal und anderer

---

115 HHStA, OIK Karton 5, große Mappe „Korrespondenzen 1778", kleine Mappe C, Beschwerden von Bolts vom 6. September 1777 fol. 56 ff; Brief an Gouverneur von Bombay, 24. Dezember 1777 fol. 65 ff.

116 Hallward a. a. O. S. 153, 155, 161

117 Hallward a. a. O. S. 143

118 Hallward a. a. O. S. 178 f.

Nationen auf die Gastfreundschaft in den britischen Niederlassungen in Asien rechnen könnten und ob der Nabob von der Mogulstadt Surat als unabhängiger Prinz unter der Autorität des Moguls *„einen dem Völkerrecht widersprechenden Akt gegen Schiffe unter meinem Kommando"* setzen würde. Das lapidare Antwortschreiben aus Kalkutta lautet, dass man bloß keine Fremden in Indien dulde – nur diejenigen, welche Niederlassungen und Handel in den letzten eineinhalb Jahrhunderten betrieben hätten.

Daher segelte Bolts südwärts, vorbei an Bombay nach **Goa**, wo die Portugiesen eine Niederlassung unterhielten. Dort blieb er vom 18. September 1777 bis zum 15. Januar 1778; die Kranken der Mannschaft konnten sich während des langen Landaufenthaltes erholen und genasen vollständig. Die einstmals berühmte Handelsstadt Goa war seit 1559 Hauptsitz der Portugiesen in Asien, aber wie alle portugiesischen Ansiedlungen Indiens zur Zeit von Bolts wegen der übermächtigen englischen und holländischen Konkurrenz ziemlich verödet und dem Verfall preisgegeben. Um sich die Möglichkeit eines längeren Aufenthalts in Goa zu sichern, schickte Bolts dem Pandit (brahmanischer Gelehrter; Ehrentitel des Maharadschas) Ahmednagar, dem Goa unterstand, ein großzügig bemessenes Geschenk von 25.000 Rupien (umgerechnet vielleicht 35.000 fl.) –, der Gegenwert entsprach in etwa einem gebrauchten Zweimaster mit einem Ladegewicht von 150 Tonnen (siehe unten). Als Gegenleistung erhielt er die Erlaubnis, zollfrei Handel zu treiben und eine Faktorei zu errichten.[119] In Goa unternahm Bolts seine ersten Geschäfte auf indischem Boden. Schon zwei Tage nach seiner Ankunft gründete er mit einem portugiesischen Kapitän namens Manuel Simon dos Santos eine auf vier Jahre befristete Handelsgesellschaft, welche von der soeben gegründeten österreichischen Niederlassung in der Delagoa-Bucht auf kleineren Schiffen Sklaven nach Mauritius sowie Elfenbein und andere Güter in den Golf von Cambay

---

119 Hallward a. a. O. S. 143

(Khambhat) mit den Handelsstädten Daman (Damão) und Surat liefern sollte. Dos Santos war mit 25 Prozent am Gewinn beteiligt.[120] Dieses Geschäft unternahm Bolts ohne Wissen seines Financiers, des Antwerpener Bankiers Charles Proli.

Um an Indiens Küste beweglich zu sein und nicht immer die große und nach wie vor schwer beladene „Joseph und Theresia" bewegen zu müssen, kaufte Bolts am 31. Oktober 1777 holländischen Kaufleuten eine Schaluppe ab, also einen einmastigen Küstenfrachtsegler. Er nannte dieses erste Schiff, das Bolts im Laufe seiner Ostindienexpedition erworben hatte, „Leopold". Elf weitere Schiffe sollten in den nächsten vier Jahre folgen, die meisten von ihnen fuhren nebst anderen Destinationen, die bis China reichten, insbesondere die Delagoa-Bucht an, wo in der Regel Arbeiter, Nutztiere, Samen und Früchte ausgeladen sowie Sklaven und Elfenbein eingeladen wurden. Binnen Kurzem bewohnten bereits 155 (weiße) Männer die österreichische Niederlassung; zu deren Verfügung wurden auch eine nicht näher bestimmbare Anzahl schwarzer Sklavinnen und Sklaven eingesetzt. Zahlreiche fremde Schiffe, insbesondere aus England, liefen nun die Delagoa-Bucht an und betrieben einen einträglichen Handel, der Bolts beträchtlichen Gewinn bescherte, seinen Antwerpener Geldgeber Proli hingegen zunehmend misstrauisch machte. Er begann sein eigenes Intrigenspiel am Wiener Hof. In einem Vortrag an den Staatskanzler Kaunitz vom 25. September 1779 monierte er:[121] *„Bolts hat zwar die vorgefundenen Schwierigkeiten glücklich überwunden und damit außer Zweifel gesetzt, dass eine künftige solide Etablierung dieses Handels möglich sei, allein die Kosten, welche teils durch seinen Unglücksfall in Afrika, teils durch die Etablissements verursacht wurden, so er daselbst in Asien errichtet hat [siehe unten], sind so beträchtlich gewesen, dass von der ersten Expedition der Joseph und Therese kaum die Einbringung des Kapitals und der Interessen der darauf*

---

120 Meisterle a. a. O. S. 61
121 HHStA, OIK Karton 2, fol. 87 ff.

verwendeten Fonds anzusehen ist ... " Daher reichte Proli den Antrag für das Octroi einer eigenen Aktiengesellschaft ein, was aber von Kaunitz und von Joseph II. abgelehnt wurde;[122] der Kaiser wollte Bolts auf jeden Fall als Chef der Handelskompanie behalten.

Der Vorgang eines Schiffskaufs dürfte relativ einfach gewesen sein; Bolts ließ ja keine neuen Schiffe vom Stapel laufen, sondern erwarb entweder gebrauchte Einheiten, die unter fremder Flagge liefen und erst auf hoher See die kaiserliche Flagge hissten und umbenannt wurden, oder er nahm – nach Vorbild der EIC – ein Schiff von einem Eigner unter Vertrag und ließ dieses dann für seine Zwecke fahren. Das zweite Schiff von Bolts war ein kleiner, 140 Tonnen Ladegewicht fassender Zweimaster, der dem britischen Kapitän Thomas Burton gehörte, am 24. Dezember den Hafen von Bombay verließ und auf den Namen „Le Comte de Proli" getauft wurde. Der Kaufpreis betrug 48.696 Rupien (grob umgerechnet 68.000 fl.). Burton behielt sein Kommando.[123] Am 28. Februar 1788 erwarb Bolts ebenfalls in Bombay den Dreimaster „Le Prince de Kaunitz" mit 600 Tonnen Fassungsraum (siehe unten). Er bezahlte dafür lediglich 47.000 fl.; der Neubau eines solchen Schiffes hätte in einer europäischen Werft 300.000 bis 400.000 fl. betragen; die jährlichen Personal- und Erhaltungskosten machten – wie erwähnt – etwa 40 Prozent des Neubauwertes aus, sodass gebrauchte Schiffe eher günstig zu haben waren.[124] Im Frühjahr 1778 erweiterten die beiden von Surat auslaufenden Schiffe „L'Ottino" (Zweimaster, 60 Tonnen Ladegewicht, Kaufpreis 7.278 Rupien, Gegenwert etwa 10.000 fl.) und „Le Prince Ferdinand" (Zweimaster, Ladegewicht 150 Tonnen, Kaufpreis 24.245 Rupien, Gegenwert ca. 34.000 fl.) die kleine Flotte der österreichischen Handelskompanie. Alle genannten Schiffe waren mit Kanonen armierte, hochseetaugliche

---

122 HHStA, OIK Karton 1, Vortrag vom 17. Februar 1780
123 Meisterle a. a. O. S. 62
124 Buchmann, Militär a. a. O. S. 118, 120

Frachter und in der Lage, Weltmeere zu überqueren. Die „Ferdinand" war als schwimmende Faktorei zum stationären Dienst in der Delagoa-Bucht bestimmt.[125]

Weiter zu Bolts und seinen umtriebigen Geschäften in Goa (September 1777 bis Januar 1778): Sein wichtigstes Anliegen dürfte es gewesen sein, die auf der „Joseph und Theresia" aus Europa herangeschafften Güter zu verkaufen. Während sich sein Kompagnon **Ryan** in Madras vergeblich darum bemühte und am 12. Dezember 1777 überraschend verstarb, knüpfte Bolts Kontakte mit dem bis dato gut beleumdeten englischen Kaufmann **Charles Williams**.[126] Dieser übernahm die Fracht (die Gewehre ausgenommen) und versprach deren Bezahlung in mehreren Raten. Aber er war ein Betrüger und setzte sich über Arabien und Persien nach Europa ab –, vielleicht hatte ihn die Britische Ostindien-Kompanie sogar dazu ermutigt, denn sie unternahm ja alles, um Bolts zu schädigen. Jedenfalls betrug der verursachte Schaden 200.000 Rupien, umgerechnet 280.000 fl. und stellte für die österreichische Handelskompanie eine schwere finanzielle Belastung dar, von der sie sich eigentlich nie mehr erholte. Bolts musste sogar einen Wechsel von 50.000 fl. auf Rechnung der österreichischen Regierung ziehen. Auf diplomatischem Weg sollte eine Art internationaler Haftbefehl gegen Williams eingeleitet werden. Dazu schrieb Kaunitz an die jeweiligen Botschafter[127], „...*dass er [Bolts] im Jahr 1777 einen Teil seiner Ladung in Surat einer sicheren alldortigen Handelsagentur namens Charles Williams verkauft, von demselben aber nur einen geringen Teil des Kaufschillings*

---

125 Meisterle a. a. O. S. 66

126 HHStA, OIK Karton 5, Mappe D: „Affäre Charles Williams" fol. 74 ff. – Siehe auch: Meisterle a. a. O. S. 63ff. – Pollack-Parnau S. 41 ff.

127 HHStA, OIK Karton 4, große Mappe: „Korrespondenz der Staatskanzlei 1777-80, 1782-86". Angelegenheit Lissabon fol. 1-35; Gesandtschaftsberichte aus Florenz, Lissabon, London 1779 fol. 1-57, speziell fol. 34 ff.

erhalten habe, da Williams sich einige Zeit danach aus dem Staub machte und nach Europa zurückkehrte, ohne die erübrigten schuldigen Summen von 200.000 Rupien zu bezahlen. […] Da aber der eigentliche Ort seines Aufenthalts unbekannt ist, er aber in einem der Länder Dänemark, England, Portugal anzutreffen sein würde, so gelangt hiermit an Euch der Auftrag, alle nach dortigem Landbrauch tunlichen Maßnahmen vorzunehmen, um sowohl zur etwaigen Ausfindigmachung als zur wirklichen Arretierung dieses Betrügers zu gelangen. […]" Dieses Schreiben an die Höfe von Spanien, Portugal, Frankreich, Schweden, Dänemark und Großbritannien zeitigte keinerlei Erfolg. In Wien glaubte man schon an ein Ende der Triestiner Handelskompanie unter der Leitung von Bolts. Doch davon war vorerst keine Rede.

Wechsel („bill of exchange") wurden schon im 14. Jahrhundert bei einem Zahlungsauftrag anstelle von Bargeld ausgestellt und konnten bei jener Bank, mit welcher der Aussteller in Kontokorrentverbindung stand, eingelöst werden. Der Scheck war eine Sonderform des Wechsels, aber ohne Fälligkeitstermin. Mit der Ausweitung der Handelsgeschäfte auf mehrere Kontinente wurde dem Wechsel oder dem Scheck eine immer höhere Bedeutung beigemessen, sodass er seit dem 17. Jahrhundert allgemein als das Papiergeld der Kaufleute im internationalen Zahlungsverkehr in Verwendung stand. Im 17. und 18. Jahrhundert galt die Amsterdamer Wechselbank als sicherste Bank der Welt, neben ihr etablierte sich auch in Antwerpen ein florierender Kapitalmarkt. In den niederländischen Banken konnten englische Staatsanleihen gekauft werden, ab etwa 1770 auch Staatsanleihen anderer Länder. Seit den napoleonischen Kriegen verloren die Niederlande ihre führende Stellung auf dem Kapitalmarkt in London. 1819 wurde die Amsterdamer Wechselbank aufgelöst.

Zurück zu Wilhelm Bolts: Um die Möglichkeit auszuloten, im Reich der Marathen an der Malabarküste eine österreichische Handelsniederlassung anzulegen, reiste der Geschäftsmann am Ende des Jahres 1777 auf dem Landweg in das 350 km nördlich von Goa gelegene **Poona** (Pune), der Hauptstadt der Marathen.

Wenige Monate zuvor hatte der französische Abenteurer Chevalier de St. Lubin in Poona mit Geschenken des französischen Königs dem Oberhaupt der Peshwa-Dynastie seine Aufwartung gemacht, sich mit dem Premierminister des Radschas, Nana Farnavis, angefreundet und schließlich eine Allianz mit Frankreich geschmiedet; Thronwirren am Hof in Poona ließen die Angelegenheit zwar ungewiss erscheinen, aber der Chevalier verschaffte Bolts eine freundliche Aufnahme – einerseits auf Anweisung des französischen Konsuls in Surat, andererseits wohl auch in der Hoffnung, an seinen Geschäften künftig mitzuschneiden –, sodass diesem fortan alle Ressourcen der Marathen, die sich ja mehr oder weniger im Kriegszustand mit den Engländern befanden, zur Verfügung stünden. Allein die Engländer übten derartigen Druck auf die Regierung der Marathen aus, dass Bolts Poona Anfang Dezember 1777 unverrichteter Dinge wieder verlassen musste. Und der Chevalier beklagte sich letztlich über Bolts, *„er werde nicht klug aus ihm, denn er ist zu zurückhaltend, auch denen gegenüber, die ihm gegenüber wohlwollend sind und ihm Gutes wünschen und die auch in der Lage sind, ihm zu nützen, nicht für deren Interessen, sondern für seine eigenen.“*[128]

Bolts fuhr im Januar 1778 mit der „Joseph und Theresia" nochmals die 700 km zurück nach Surat, ohne dort etwas auszurichten. Im März ankerte er im britischen **Bombay** mit der Bitte um Erlaubnis, Salz als Ballast aufzunehmen, was ihm allerdings mit Hinweis auf das Handelsprivileg der britischen Kompanie nicht gestattet wurde.[129] Seinen Protestbrief unterzeichnete er mit: „William Bolts, Lieut.-Colonel in the service of their Imperial Majesties." Der Titel eines Offiziers einer neutralen Macht sollte ihm bei den Briten einigen Respekt verschaffen, änderte jedoch an deren grundsätzlichen Ablehnung gegenüber seiner Person nicht viel. Im Kontakt mit den ihm vorläufig noch gewogenen

---

128 Hallward a. a. O. S. 168
129 Hallward a. a. O. 183 ff.

Portugiesen nannte er sich: „Directeur général des affaires de la Compagnie Impériale Asiatique de Trieste." Was Bolts in Bombay allerdings gelang, war die Übernahme eines 600 Tonnen fassenden mittelgroßen Handelsschiffes von einem Engländer namens Andrew Reid. Das Schiff mit dem ursprünglichen Namen „Louise" segelte fortan unter kaiserlicher Flagge mit dem Namen „Le Prince de Kaunitz". Sein ursprünglicher Besitzer blieb an Bord und regelte die Frachtgeschäfte – zu Bolts' und zu seinem eigenen Gewinn: In Bombay nahm er Pfeffer und Baumwolle auf, fuhr damit zur südchinesischen Hafenstadt Kanton (Guangzhou, bei Hongkong), dort löschte er die Ladung und nahm im Gegenzug Tee, Drogen und Seide an Bord. Da Bolts die kaiserliche Erlaubnis erhalten hatte, mit Schiffen der österreichischen Handelsgesellschaft auch Waren fremder Händler unter dem Schutz der kaiserlichen Flagge zu transportieren, fuhr das Schiff nun eigenständig nach Europa zurück, legte im Juli 1779 in Livorno an und verkaufte dort die Ladung, die nur zum kleineren Teil der Handelsgesellschaft, zum größeren Teil Reid und anderen Kaufleuten gehörte. Der Antwerpener Finanzmann Proli war entsprechend verärgert, weil er aus diesem Geschäft nur geringen Gewinn zog. Doch er kaufte Reid das Schiff um 48.000 fl. ab und schickte es nun selbstständig nach Indien und China.[130] Nichtsdestoweniger erweckte die Ankunft des ersten von Indien kommenden Schiffes große Erwartungen in Wien, und zahlreiche in- und ausländische Unternehmer fanden sich ein, um entweder mit der Triester Handelskompanie ins Geschäft zu kommen und dabei eine staatliche Subvention zu lukrieren oder eigene Flaggenpatente als neutrales österreichisches Handelsschiff zu bekommen. Zugleich aber intrigierte Proli nach Kräften gegen den in seinen Augen allzu eigenmächtig handelnden Bolts und versuchte wiederholt aber vergebens, eine große privilegierte Aktiengesellschaft nach dem Muster der englischen Kompanie für den Ostindienhandel unter seiner Leitung ins Leben zu

---

130 Pollack-Parnau a. a. O. S. 61. – Meisterle a. a. O. S. 78 ff.

rufen. Staatskanzler Kaunitz, Maria Theresia und sogar Großherzog Leopold befürworteten zwar dieses Vorhaben, doch Kaiser Joseph II. äußerte sich strikt dagegen, sodass nichts daraus werden konnte. Wie groß das Misstrauen der Antwerpener gegenüber Bolts bereits war, geht aus der Tatsache hervor, dass Letztere in der Zwischenzeit ein sehr großes, 1.200 Tonnen fassendes und mit 34 Kanonen bestücktes Schiff in Frankreich erworben und ebenfalls auf den Namen „Le Comte de Kaunitz" getauft hatten. Proli wusste damals noch nichts vom anderen Schiff gleichen Namens und wählte den österreichischen Staatskanzler bewusst als Namenspatron, um die Privilegien der neutralen kaiserlichen Flagge zu genießen. Im Februar 1779 verließ das Schiff den französischen Hafen Lorient (in der Bretagne) und nahm Kurs auf Asien, wobei die Faktoreien und Kolonien der österreichischen Handelsgesellschaft mit Absicht nicht angelaufen werden sollten.[131] „Schwer mit den Schätzen des Orients beladen" kam die große Kaunitz im Herbst 1780 in Triest an; sie hatte 200 Kisten Tee, 40 Kisten Zimt, sonstige Gewürze, Rohseide, Sandelholz und chinesisches Porzellan mitgebracht. Bolts kreuzte zu dieser Zeit noch im Atlantik (siehe unten).

Noch einmal zurück zum Frühjahr 1778 und zu Wilhelm Bolts' Aktivitäten. Von Bombay fuhr der Kaufmann ins portugiesische Goa: Dort gelang es ihm im April 1778, einen Handelsvertrag zu schließen, der ihm gestattete, in der alten portugiesischen Kolonie Daman (Damão) im Golf von Khambhat (150 km südlich von Surat) ein Warenlager einzurichten. Noch im April segelte er entlang der Malabarküste nach Süden, um im Herrschaftsgebiet des mächtigen Haidar Ali (siehe oben) geeignete Hafen- und Handelsplätze für eine österreichische Niederlassung auszukundschaften.[132] Danach verließ er sein Schiff und

---

131 Meisterle a.a.O. S. 81 ff. – Pollack-Parnau a.a.O. S. 53 ff.
132 Fontana a.a.O. S. 17. – Hallward a.a.O. S. 183. – Pollack-Parnau a.a.O. S. 44f. – Meisterle a.a.O. S. 69 f.

reiste ins Landesinnere zum Feldlager Haidar Alis. Dort weilte er längere Zeit, gewann die Sympathie des Machthabers durch ein Geschenk von etlichen tausend Gewehren sowie einigen Kanonen und erhielt als Gegenleistung nebst einer Schmuckkassette drei Verträge (farman, verfasst in persischer Sprache und arabischer Schrift), die ihm erlaubten, an den drei Hafenplätzen Karwar (150 km südl. von Goa), Mangalore (Mangalur) und etwas südlich davon auf dem vorgelagerten Inselchen Balliapatam (Pallipatnani) bei Cannanore je eine unbefestigte Faktorei zu errichten.[133] In Wien war man von dem Bündnis mit Haidar Ali höchst angetan und überlegte – freilich allzu lange –, wie man seine Freundschaft weiterhin sichern könnte. Ein Geschenk (kostbare Vasen aus Wiener Porzellan, fein gearbeitete Dose mit Kaiserbildnis, feines Tuch, dazu noch zwei zwölfpfündige und vier sechspfündige Kanonen im Wert von insgesamt 2.170 fl.) wurde später gemäß einem Vorschlag von Bolts zusammengestellt. Dazu Kaiser Joseph:[134] *„Bolts kann das Porzellan in der Fabrik aussuchen und ich erlasse darauf den Befehl an die Hofkammer. Was die Tücher anbelangt, die werde ich dem Bolts verschaffen, aber nicht aus Frankreich und gebe auch diesfalls den Befehl an die Böhmische Hofkanzlei. Übrigens muss man auch vernehmen, dass das Präsent von Stücken [Kanonen] von einigem Wert ist. Die Dose aber mit meinem Porträt scheint mir keineswegs anständig zu sein."* Erst 1783 lag das Präsent in Triest zur Verschiffung bereit, als die Nachricht vom Tod Haidar Alis eintraf; seinem Nachfolger Tipu Sultan wurde nichts mehr übergeben.[135] Doch damit konnte im Jahr 1778 niemand rechnen. Bolts ging in den genannten drei Hafenstädtchen sogleich ans Werk. Dass die Faktoreien unbefestigt sein mussten, war in den Augen Haidar Alis von Vorteil, weil hier die Gesellschaft

---

133 HHStA, OIK Karton 5, große Mappe: Korrespondenzen 1778, kleine Mappe C fol. 89 ff: Farman vom 21. August 1778
134 HHStA, OIK Karton 2: Vorträge 1782, fol 1-88, kaiserliche Bemerkung zum Kabinettsvortrag vom 4. Juli 1782
135 Meisterle, koloniale Ostindienpolitik a. a. O. S. 26

einer neutralen europäischen Macht auch von den mit ihm verfeindeten Engländern respektiert werden würde. Andererseits waren die österreichischen Niederlassungen für fremde Aggressoren eine leichte Beute. Denn in Indien herrschte in jener Zeit buchstäblich das Faustrecht, zumal die Feindschaft zwischen England und Frankreich im Jahr 1777 einer neuen Eskalation entgegengegangen war, seit Frankreich aktiv in den amerikanischen Unabhängigkeitskrieg (1775-1783) eingriff. Auf dem asiatischen Subkontinent fiel es den Franzosen nicht schwer, Verbündete unter den einheimischen Fürsten gegen die Briten zu finden. Wie die kommenden Jahre zeigen werden, mischte dabei der oben erwähnte Abenteurer Chevalier de St. Lubin kräftig mit: Im Januar 1779 kommandierte er die marathische Artillerie bei einem – gescheiterten – Angriff auf Bombay, wenige Monate später heckte er den Plan aus, mit Truppen der Marathen die Engländer aus dem Distrikt von Surat zu vertreiben.[136] Auch der holländische Konsul von Surat beteiligte sich an dieser Verschwörung, die allerdings für die Franzosen kontraproduktiv ausging. Denn tatsächlich besetzten die Marathen die Stadt, plünderten dabei aber auch die französische Faktorei und deportierten die französischen Bewohner. Auch der französische Konsul Anquetil de Brioncourt (siehe oben) musste Surat verlassen. Danach endete die Karriere St. Lubins in Indien: Im September 1779 kehrte er auf einem portugiesischen Schiff nach Frankreich zurück; unterwegs wurde dieses im Roten Meer von einem britischen Schiff attackiert, konnte aber im seichten Wasser und unter dem Schutz der Kanonen von Fort Mokka (Al Moucha, heutiges Jemen) entkommen.

Zwischendurch ein kurzer Blick auf die Britische Ostindien-Kompanie zur Zeit von **Warren Hastings** (1732-1818), der 1772 zum Gouverneur von Bengalen und ein Jahr später zum ersten Generalgouverneur von Ostindien (bis 1785) ernannt worden

---

136 Hallward a. a. O. S. 172 f.

war. Er versuchte, durch die weitere Aneignung von Hoheitsrechten und durch den Ausbau der Verwaltung die Machtstellung der Briten zu festigen, war aber aufgrund ständiger Kriegszüge noch nicht in der Lage, eine direkte Herrschaft in Indien auszuüben. Von 1775 bis 1782 kämpfte er gegen die Marathen, 1781 gelang ihm die Eroberung von Benares, 1780 bis 1782 tobte der Krieg gegen Haidar Ali, 1783 musste er einer Bauernrevolte Herr werden. Eine solche Konzentration auf militärische Belange ließen die Handelsaktivitäten in den Hintergrund treten. Zugleich vergaß Warren Hastings freilich nicht, sich selbst entsprechend zu bereichern. Nach seiner Rückkehr wurde er in London des Amtsmissbrauchs und der Erpressung angeklagt (letztes Impeachment-Verfahren der englischen Geschichte), jedoch freigesprochen. Sein Nachfolger als Generalgouverneur (1786-1793, 1805), **Lord Charles Cornwallis** (1738-1805), beseitigte endlich die korrupte Verwaltung der Kompanie und ordnete das Grundsteuerwesen neu. Unter seiner Ägide mutierte die Handelskompanie immer deutlicher zur lokalen Verwaltungsbehörde, sodass einer künftigen Kolonialadministration der Weg geebnet wurde.

10. ZWEITE KOLONIEGRÜNDUNG AUF DEN NIKOBAREN

Wilhelm Bolts' Aktivitäten nahmen im Jahr 1778 ein beeindruckendes Ausmaß an. Noch bevor er sich mit Haidar Ali vertraglich über die drei österreichischen Faktoreien an der südlichen Malabarküste geeinigt hatte, entsandte er sein Flaggschiff „Joseph und Theresia" zu den **Nikobaren**, um dort eine österreichische Kolonie zu gründen.[137] Das Kommando für diese Aktion übertrug er dem Kapitän Henry Bennett. Diese spärlich besiedelte Gruppe von 19 Inseln (davon 12 heute bewohnt) in einer Nord-Südausdehnung von ca. 300 km bot und bietet keinen sonderlichen wirtschaftlichen Anreiz, allerdings liegt sie günstig für die Schifffahrt an den Handelsrouten, welche Indien mit China verbanden. Die wettergeschützte Bucht zwischen den beiden mittleren Inseln Camorta und Nancowry ermöglichte angeblich Platz für hundert Schiffe und wurde häufig von Fahrzeugen aller Nationen frequentiert. Die größeren Inseln sind dicht bewaldet, die kleineren grasbedeckt. An den Küsten wachsen Mangroven und Kokospalmen. Das Klima ist tropisch warm und sehr feucht – mit neun Monaten Regenzeit, in der auch wegen der Stürme der Schiffsverkehr früher unterbrochen war. Angeblich gab es keinen Ort, in dem das tropische Fieber den Menschen gefährlicher war als auf diesen Inseln. Zuerst hatten sich auf den Nikobaren Piraten festgesetzt, dann mühten sich französische Jesuiten, um die animistisch orientierten Ureinwohner von der Ethnie der Shom Pen zu christianisieren; diese wohn(t)en im ufernahen Bereich auf Pfahlbauten in kleinen Dörfern, leb(t)en vom Fischfang und von einer sehr primitiven Landwirtschaft, indem sie den Boden noch mit dem Grabstock bestell(t)en; außerdem hielten sie Schweine und Geflügel (keine Rinder) und gingen mit Hunden auf die Jagd. 1756 hatten die Dänen daselbst eine

---

137 Meisterle a. a. O. S. 70 ff. – Pollack-Parnau a. a. O. S. 48 ff.

Faktorei errichtet, gaben diese aber schon 1773 wieder auf. Nikolaus Fontana nannte die Ursache für ihr Scheitern:[138] *„Die Europäer, welche zuerst die Absicht hatten, sich in diesen Gegenden niederzulassen, beachteten nicht alle die Vorsicht und Aufmerksamkeit, welche bei der Auswahl eines Wohnplatzes unumgänglich nötig sind. Man sieht noch die Ruinen ihrer Wohnungen, welche bei hohem Meer fast alle unter Wasser stehen und in dichtem Gesträuche gleichsam begraben sind. Und diese Umstände sind zu allen Zeiten und an allen Orten der Gesundheit nachteilig. Während unseres Aufenthalts auf diesen Inseln befand sich die Mannschaft [trotz] der täglichen Arbeit bei Aushauen des Gesträuchs und Ausgleichung des Erdreichs dennoch in vollkommener Gesundheit, einige wenige ausgenommen, welche sich dem Regen aussetzten und die Nacht am Lande zubrachten. […] Man hat allen Grund zu glauben, dass dieser Pflanzort ohne große Mühe und Kosten in kurzer Zeit, sowohl in Absicht auf die Gesundheit als anderer Vorzüge zu einem hohen Grad der Vollkommenheit gebracht werden kann. Er genießt die vorteilhafteste Lage […], einen fruchtbaren Boden und den sichersten Hafen. […] Auf dem Gipfel einer dieser Hügel wurde das Haus, der erste Zufluchtsort unserer Kolonisten in diesem Weltteil erbaut."* Welcher Fehleinschätzung Fontana erlegen war, wird gleich zu zeigen sein.

Was von den Dänen – außer ihrer nie eingeholten Flagge – geblieben war, offenbarte sich als eine Missionsstation der evangelischen Herrnhuter auf der Insel Camorta. Von den ursprünglich zwanzig Männern waren 1778 allerdings nur mehr drei Ordensbrüder am Leben. Von Mission konnte auch nicht mehr die Rede sein, vielmehr handelten sie mit europäischen Kauffahrern, denen sie Holz, Kokosnüsse und Schwalbennester lieferten. Anscheinend waren die drei vereinsamten Herrnhuter über die Aussicht einer europäischen Niederlassung äußerst erfreut, und so schrieben sie am 20. Mai 1778 an Bolts:[139] *„Wir freuen uns, dass*

---

138 Fontana a. a. O. S. 18 f.
139 HHStA, OIK Karton 5, große Mappe: Korrespondenzen 1778, kleine Mappe fol. 83 ff.

wir durch diese Unternehmung einen solchen guten Nachbarn bekommen, und wir versichern Euer Exzellenz hierdurch, jederzeit in wahrer Liebe und Freundschaft mit Ihrem hier seienden Gouverneur oder Direktor und deren Leute allezeit zu leben und zu sein, und wo wir ihnen mit einem guten Rat dienen können, so soll es uns gewiss zu allen Zeiten die allergrößte Freude und Vergnügen sein [...]."

Einer der Herrnhuter, Jakob Hegner, berichtete später in einer „Abhandlung betreffend einer Kolonie und Haupt-Handlungs-Niederlage der kaiserl. Königl. Asiatischen Kompanie auf den Nikobarischen Eiländern und in dasigen Hafen":[140] Die Einwohner hätten keine Religion, dafür aber huldigten sie ihren Götzen, sie wären ohne Gesetze, ohne Obrigkeit und Polizei, auch verfügten sie weder über Künste noch über Wissenschaften. *„Sie sind nicht zahlreich. Ihre größten Dörfer mögen aus 20 bis 30 Häusern oder vielmehr elenden Hütten bestehen. [...] In jedem Dorf ist ein angesehener Mann, den sie Kapitän nennen, welcher gemeiniglich zugleich ihr Zauberer und Arzt ist und am besten mit den Fremden umzugehen weiß. [...] Die Vielweiberei ist bei ihnen nicht verboten, aber selten. [...] Sie sind träge und arbeiten nur, wenn sie die Not dazu treibt. Ihr größtes Vergnügen ist, Tabak zu rauchen und sich mit Nüssen des Kokosweines zu besaufen. Wiewohl sie nicht sehr blutgieriger Art sind, so fallen doch öfters und gemeiniglich aus abergläubischen Ursachen Moritaten untereinander vor. [...] Die meisten Gegenden sind mit dickem Gehölz und Strauchwerk so bewachsen, dass kaum durchzukommen ist. Auch im oberen Teil ihrer Berge sind keine Bäume, aber vier bis fünf Fuß hohes Gras [...]."* Nachteilig für alle Bewohner erweisen sich die ungesunde Luft und der Mangel an ausreichendem Süßwasser.

Am 1. Juni 1778 ankerte die „Joseph und Theresia" vor der Insel Nancowry (Nankauri). Nach kurzer Erkundigung der örtlichen Gegebenheiten ließ Kapitän Henry Bennett die Häuptlinge der vier mittleren Inseln Camorta, Nancowry, Trinkat und

---

140 HHStA, OIK Karton 1, fol. 291-350

Katchall zu sich kommen und erklärte ihnen – ein Herrnhuter diente als Dolmetscher –, dass sie nunmehr Untertanen des römisch-deutschen Kaisers wären. Am 12. Juli 1778 wurde auch ein Vertrag aufgesetzt und von den acht Häuptlingen (mit jeweils einem Kreuz) unterschrieben – und von 13 Schiffsoffizieren (Bennett, Fontana, der künftige Resident **Gottfried Stahl** usw.) gegengezeichnet. Die Häuptlinge verstanden freilich weder die Sprache noch den Inhalt des Schriftstücks.[141] Nun wurde die dänische Flagge, welche von einem Hügel in Nancowry wehte, eingeholt und an ihrer statt die österreichische gehisst. Besagter Hügel wurde von „Frederikshoi" in „Kaiserhöhen" umbenannt. Dort ließ nun Bennet, wie erwähnt, ein vor Überflutung geschütztes Blockhaus und ein Magazin errichten. Vorerst blieben fünf europäische Siedler in der neu gegründeten Kolonie zurück, der gedachte österreichische Resident Gottfried Stahl sollte erst nachkommen, wenn ein geregelter Schiffsverkehr zwischen Indien und den Nikobaren eingerichtet war. Dies geschah im August 1779, als Bolts zu diesem Zweck in Madras für 47.659 fl. eine Schaluppe mit 120 Tonnen Ladegewicht erwarb, die er „Le Borrekens" taufte. Der Verkäufer des Schiffes, ein Kaufmann namens Rafael Pagose, verpflichtete sich, für einen regelmäßigen Schiffsverkehr zwischen Madras und den Nikobaren zu sorgen. In Madras wurde ein armenischer Agent für den Handel mit den Nikobaren unter Vertrag genommen, mit Gottfried Stahl, der die erste Reise der „Le Borrekens" begleitete, kamen zwanzig Arbeiter und Handwerker sowie vier schwarzafrikanische Sklaven auf die Inseln; die Ladung des Schiffes bestand aus einem Pferd, zwei Büffeln, einigen Kühen sowie aus Samen bzw. Knollen für Reis, Weizen, Maniok, Zwiebel, Gemüse u. a., die in der Kolonie angebaut werden sollten, daneben aber auch aus Gegenständen, die man gegen andere Waren eintauschen konnte, sowie

---

141 Unterwerfungsakt der Bewohner der Nikobaren vom 12. Juli 1778 in: HHStA, OIK Karton 5, große Mappe: „Korrespondenzen 1778", fol. 85. – detto, Karton 6, kleine Mappe: „Nikobaren 1778/79"

aus Gütern für den täglichen Gebrauch der Siedler. Der 1751 in Karlsruhe geborene Gottfried Stahl, als ehemaliger Feldwebel des Durlach'schen Regiments und ranghöchster Unteroffizier der Bolts'schen Truppe, wurde auf Wunsch des Hofkriegsrates zum Leutnant ernannt.[142] Mit bemerkenswerter Akribie gab Bolts seinem nun mit dem Offizierspatent ausgestatteten Nikobaren-Residenten Instruktionen mit,[143] wie Warenlager und Wohngebäude zu errichten wären. Da er die anmaßende Art, mit der die Briten der Ostindischen Kompanie den Einheimischen begegneten, als durchwegs kontraproduktiv erkannt hatte, schärfte er Gottfried Stahl ein, dass man Handwerker, Arbeiter, Sklaven und Einheimische „möglichst menschlich" behandeln und gegenüber fremden Schiffen zuvorkommend agieren sollte.

Alles war gut vorbereitet und organisiert für das Gedeihen der österreichischen Kolonie. Allein, es gab Widrigkeiten, mit denen Bolts, der übrigens die Nikobaren nie zu Gesicht bekommen sollte, nicht gerechnet hatte. Einen förmlichen Protest des dänischen Gouverneurs von Tranquebar (Tharagambadi, an der südlichen Koromandelküste gelegen, ältester dänischer Stützpunkt in Indien, 1620 gegr.) gegen die widerrechtliche Inbesitznahme der Nikobaren vom 17. März 1779 wies Bolts mit dem Argument zurück, dass sich die Dänen augenscheinlich 1772 von den Inseln zurückgezogen hätten.[144] Aber keine fremden Mächte sollten über das weitere Schicksal der Kolonie entscheiden, sondern die Unbilden der Natur.

---

142 Görlich a. a. O. S. 190 – Friedrich Wallisch: Das Unternehmen Bolts in Afrika. In: Neues Wiener Tagblatt. Wochen-Ausgabe Nr. 41, 9. Oktober 1942

143 HHStA, OIK Karton 5, Mappe: „Die Nikobaren betreffend 1779" fol. 166 ff.

144 HHStA, OIK Karton 5, Mappe D, kleine Mappe „Die Nikobaren betreffend 1779" fol. 155 ff. – ebenda Karton 6, Mappe „Nikobaren 1778/79"

11. WEITERE GESCHÄFTE IN INDIEN

Der Mangel an Lebensmitteln zwang die Mannschaft der „Joseph und Theresia", die Nikobaren zu verlassen und Kurs nach Westen Richtung Indien einzuschlagen. Am 4. Oktober 1778 lief das Schiff in **Madras** ein, dem Hauptort der britischen Niederlassungen an der Koromandelküste und überhaupt die erste britische Niederlassung in Indien. Rund um das 1639 erbaute Fort St. George und unter dem Schutz der Ostindischen Kompanie war eine Stadt entstanden, die gegen Ende des 17. Jahrhunderts bereits 100.000 Einwohner zählte, danach aber gegenüber Kalkutta stagnierte. Die Stadt war heiß umkämpft, 1746 bis 1748 nahmen sie die Franzosen in Besitz, 1767 wurde sie von Sultan Haidar Ali überfallen, aber von General Smith entsetzt. Bolts blieb nur drei Wochen in Madras, dann ging es bei heftigem Wind und Regen zurück zur Malabarküste. Zunächst steuerte die „Joseph und Theresia" jene Orte an, in denen mit Erlaubnis von Haidar Ali österreichische Faktoreien errichtet werden sollten (Balliapatam, Karwar und Mangalore). Bolts warb dafür das benötigte Personal an. Ein Besuch in Covelong (ca. 30 km. südl. von Madras), wo sich einst die Faktorei der 1731 aufgelösten österreichischen Ostendischen Handelskompanie befand, verlief ergebnislos; Fontana bemerkt dazu: *„Jetzt ist außer einer Kirche und ihrem Pfarrer, einem italienischen Missionar, keine Spur [von ihr] vorhanden, denn alle Fachmänner zogen, nachdem die Gesellschaft sich trennte, entweder nach Madras oder nach Pondicherry."*[145]

Am 19. Januar 1779 gelangte die „Joseph und Theresia" nach **Bombay** (Mumbay). Dort blieb man bis zum 5. Mai 1779, weil das Schiff einige Ausbesserungsarbeiten nötig hatte – und die

---

145 Fontana a. a. O. S. 21.

Engländer diesmal kein Interesse daran hatten, ihr einen längeren Aufenthalt zu verweigern. Schiffsbauer schätzten Bombay, weil dort das nahezu unverwüstliche Teak-Holz anstelle des sonst üblichen Eichenholzes verwendet wurde. Der Schiffsarzt Fontana hatte keinen guten Eindruck von der damals bereits riesigen Stadt mit über 100.000 Einwohnern: *„Allein die ungesunde Luft in diesem Hafen und die Strapazen verursachten verschiedene Krankheiten, z. B. Gallenfieber, Gliederreißen, Diarrhoe und die Ruhr.“*[146] Bombay war 1534 von den Portugiesen erbaut worden, wurde 1668 gegen einen Erbzins an die EIC abgetreten, welche knapp zwei Jahrzehnte später ihren Sitz von Surat dahin verlegte, um von hier aus weitere befestigte Niederlassungen in allen Himmelsrichtungen zu gründen. Von 1708 bis 1773 unterhielt die Kompanie dort ihre Hauptniederlassung, dann übernahm Kalkutta diese Funktion. In Bombay hätte eigentlich Bolts' Indienfahrt ein Ende nehmen sollen und einer Rückkehr nach Europa stand ja nichts mehr entgegen. Allein der gerissene Geschäftsmann wollte noch größere private Geschäfte unternehmen und wagte mit den beiden Schiffen „Joseph und Theresia" sowie dem von Kapitän Falkner soeben gekauften Schiff „Le Comte de Kolowrat" eine Fahrt ausgerechnet nach **Kalkutta**, wo ihm zwölf Jahre zuvor so übel mitgespielt worden war – oder wo er sich durch sein anmaßendes Betragen so viele Feinde geschaffen hatte. Einerseits wollte er hier Güter für den Transport nach Europa laden, andererseits (und hauptsächlich) beabsichtigte er, seine einst unterbrochenen privaten Geschäfte wieder aufzunehmen und Außenstände einzutreiben. Allein die Briten erlaubten zwar der „Kolowrat", in den Hafen von Kalkutta einzulaufen und Baumwolle zu laden, Bolts aber musste mit seiner „Joseph und Theresia" zu den Niederländern nach **Chunchura** (am Hugli ca. 40 km nördlich von Kalkutta gelegen) ausweichen.[147] Dort ging er seinen Geschäften nach, doch die privaten Angelegenheiten verliefen nicht immer

---

146 Fontana a. a. O. S. 20 f.
147 Hallward a. a. O. S. 185; ausführlich bei Meisterle a. a. O. S. 91 ff.

günstig, weil seine Gläubiger von einst ihre Forderungen geltend machten. Sie bewirkten sogar seine Verhaftung und erst nach Bezahlung einer sehr hohen Kaution von 40.000 fl. konnte er dem Gefängnis entgehen. Einen Prozess in anderer Angelegenheit verlor er, sodass es ihm im Endeffekt nicht gelang, an sein früheres Vermögen heranzukommen. Die Britische Ostindien-Kompanie bzw. ihr Gouverneur **Warren Hastings** (Generalgouverneur von ganz Ostindien 1773-1785) unternahm in diesem halben Jahr, in dem Bolts in Bengalen weilte (Juli 1779 bis Januar 1780), buchstäblich alles, um Bolts, dem Erzfeind der Kompanie, zu schaden.[148] Beispielsweise beschlagnahmte er eine Lieferung von bestelltem und bereits bezahltem rotem Sandelholz und versteigerte sie zum Gewinn der britischen Kompanie. Wohlweislich ließ sich Bolts in Kalkutta selbst nicht blicken und verhandelte von der niederländischen Niederlassung aus. Dort erwarb er gegen Ende des Jahres 1779 auch ein Schiff, das er sicherheitshalber unter toskanischer Flagge laufen ließ; er nannte es „Grand Duc de Toscane" und schickte es auf Handelsfahrten rund um Indien; vor dem Kap der Guten Hoffnung wurde das Schiff im April 1781 von der französischen Kriegsfregatte „L'Elefant" gekapert und nach Mauritius geschleppt, seine Ladung daselbst verkauft, dann aber durfte es nach Livorno abfahren.[149] Der französische Kapitän verantwortete sich später damit, er hätte es für ein britisches Schiff gehalten, das sich mit einer falschen Flagge tarnte. Bolts führte wegen dieses Vorfalls einen jahrelangen Prozess gegen den französischen Staat (siehe unten).

Nach halbjährigem Aufenthalt in Bengalen segelte Bolts am 12. Januar 1780 mit beiden Schiffen ab. Er landete noch einmal in **Madras**, wo ihn zwar eine peinliche Untersuchung durch den

---

148 HHStA, OIK Karton 6, Mappe „1776-85" (ohne Folierung): Beschwerdebrief von Bolts an Warren Hastings vom 2. September 1779
149 HHStA, OIK Karton 6, große Mappe „Korrespondenzen 1782-83" (unfoliert), Mappe G 1782

britischen Marinekommandanten erwartete, in deren Verlauf sein französischer Schiffszimmermann und ein deutscher Matrose verhaftet wurden, wo er aber dann die für Europa bestimmte Ladung aufnehmen konnte. Außerdem gelang es ihm, noch ein Schiff zu erwerben, das er „Le Comte de Beligiojoso" taufte und – entsprechend beladen – nach Livorno schickte. Am 6. April 1780 verließen Bolts und einige armenische Kaufleute Indien für immer.

12. MÜHSAME RÜCKREISE NACH EUROPA

Auf zwei Schiffen steuerten Bolts und seine Mitarbeiter nach Süden Richtung Afrika, zunächst zu den **Maskarenen** (benannt nach dem Portugiesen Pedro de Mascarenhas, der zwischen 1507 und 1512 diese Inselgruppe entdeckt hatte). Da die schon etwas altersschwache „Joseph und Theresia" dringender Reparaturen bedurfte und bereits leckte, wurde **Mauritius** angelaufen (seit 1715 als „Île de France" in französischem Besitz, 1810 an Großbritannien abgetreten). Dort blieb man vom 1. Juni bis zum 14. September. Da der Aufenthalt nicht in die Regenzeit fiel, konnte Schiffsarzt Fontana schreiben: *„Das Klima ist gemäßigt, die Luft heiter und gesund; dies beweisen sowohl die Einwohner als unser Schiffsvolk, welches während unseres Aufenthalts der vollkommenen Gesundheit genoss."*[150] Bolts nutzte die zweieinhalb Monate dauernde Zwangspause auf seine Weise, indem er drei Schiffe erwarb und beladen ließ: Die „Comte de Falkenstein" war für Handelsfahrten an der indischen Küste bestimmt (sie führte jenen Namen, mit dem sich Kaiser Joseph nannte, wenn er inkognito bleiben wollte; die kleine linksrheinische Reichsgrafschaft Falkenstein kam 1816 an Bayern). Das Schiff „Baron de Binder" (480 Tonnen Ladegewicht, benannt nach dem Geheimen Rat Frh. von Binder aus der Hof- und Staatskanzlei) sollte Kaffee nach Livorno transportieren und die Schiffe „Joseph und Theresia" sowie „Kolowrat" begleiten. Das dritte Schiff, die „L'Imperatrice Regina", blieb zwar im Besitz italienischer Kaufleute, segelte aber dennoch unter kaiserlicher Flagge und war vertraglich dazu ausersehen, vier Jahre lang Reis und Sklaven auf die Nikobaren zu liefern. Ein bemerkenswerter Bericht von John Buncle, Kapitän des Schiffes „Osterley" (Schiffstyp East Indiaman, 775 Tonnen

---

150 Fontana a. a. O. S. 24

Ladegewicht) vom 20. Dezember 1780 an das Direktorium der Britischen Ostindien-Kompanie[151] erzählt anfangs, wie teuer die Instandhaltungsarbeiten an der „Joseph und Theresia" waren, sodass die Triester Handelskompanie nie wieder auf Mauritius ein Schiff reparieren lassen dürfte. Dann aber schreibt er über den „famous Mr. William Bolts", durch dessen gute Dienste er und seine Mannschaft ihre Freiheit erlangten. Hier spielt der seit 1778 während britisch-französische Seekrieg mit hinein: Kapitän Buncle hatte den Befehl, auf der „Osterley" von Chandanaggar (35 km nördl. von Kalkutta) aus französische Gefangene zu transportieren. Im Februar 1779 segelte er los, unterwegs aber wurde sein Schiff von den Franzosen gekapert und nach Mauritius gebracht, dort gerieten er, seine Offiziere und die Mannschaft in Gefangenschaft. Nach monatelanger Inhaftierung erschien Bolts und nutzte seinen Status als Direktor der Triestiner Kompanie und als Oberstleutnant einer neutralen Macht, um die Inhaftierten, die schon „halb verhungert waren", freizubekommen. Das ging so vor sich, dass er beim Kauf der „Binder" als Gegenleistung für die Erlaubnis, auf Mauritius Matrosen anwerben zu dürfen, versprechen musste, die Gefangenen gratis nach Livorno zu bringen. Dort würden sie sich dem französischen Konsul unterwerfen, um dann auf diplomatischem Wege ausgetauscht zu werden. Dieser Handel ersparte es den britischen Gefangenen, auf Kriegsdauer auf Mauritius bleiben zu müssen. Und Bolts hatte den ihm bisher so feindlich gesinnten Briten ebenso wie sich selbst einen guten Dienst erwiesen.

Am 14. September lichteten die „Joseph und Theresia", „Kolowrat" und „Binder" in Mauritius die Anker, legten noch eine zweiwöchige Pause auf der Île Bourbon (seit 1665 französisch, 1793 in „Réunion" umbenannt) ein, dann ging es weiter zum **Kap der Guten Hoffnung,** wo die „Joseph und Theresia" am 24. Oktober 1780 in der „Tafelbucht" die Anker warf, die beiden

---

151 Hallward a. a. O. S. 186 f.

anderen Schiffe aber weiter fuhren und bereits zwei Monate früher als Bolts in Livorno ankamen. Fontana schreibt über Kapstadt: *„Von dieser Bay ist zu bemerken, dass vom Mai bis zu Ende September wegen der heftigen Nordwestwinde keine Schiffe, ohne sich der Gefahr zu scheitern auszusetzen, einlaufen können.“*[152] Die Tafelbucht erhielt ihren Namen vom weithin sichtbaren Tafelberg, an dessen Abhang Kapstadt liegt. Die Niederländer hatten 1652 im Auftrag ihrer Ostindienkompanie eine Versorgungsstation auf dem Seeweg nach Indien gegründet und einige Jahre später eine mächtige Festung mit fünf Bastionen erbaut (1806-1910 Hauptstadt der britischen Kapkolonie).

Von Kapstadt segelte die „Joseph und Theresia“ ohne nennenswerte Unterbrechung mehr als 4.000 km nach Norden zu den **Kap Verde Inseln** (benannt nach dem 600 km östlich gelegenen Kap Verde in Senegal). Die zehn Vulkaninseln wurden 1455/56 von den Portugiesen im Dienste Heinrichs des Seefahrers (1394-1460) entdeckt und bald mit Portugiesen und afrikanischen Sklaven besiedelt. Am 10. Januar 1781 legte das Schiff in der Praja-Bucht vor der Hauptinsel São Tiago an. Es ist bemerkenswert, wie der Schiffsarzt Fontana diese Insel beschreibt und insbesondere auf die dort herrschenden medizinischen Gepflogenheiten eingeht:[153] *„Unter allen bewohnten Inseln dieses Weltmeeres ist diese die ungesündeste. Die große Anzahl der Menschen, welche die Portugiesen in diesem Pflanzort einbüßten, ist ein sehr auffallendes und trauriges Beispiel ihres Irrtums. Das ungesunde Klima und die übel gewählte Lage dieses Pflanzortes sind nicht die einzigen Ursachen des häufigen Sterbens der neuen Ankömmlinge. Es wirkt noch ein anderer Irrtum mit: Sie glauben, das Blut der wenigen, welche die heftigsten Krankheiten nicht aufgerieben, habe sich durch die im Lande gewöhnlichen Nahrungsmittel gänzlich verändert. Nach diesem falschen Grundsatz glauben sie, die Fremden durch schwache, aber öfters wiederholte Aderlässe*

---

152 Fontana a. a. O. S. 24 f.
153 Fontana a. a. O. S. 26 ff.

an das ungesunde Klima zu gewöhnen. Damit fahren sie solange fort, bis sie alles Blut im Körper herausgelassen zu haben vermeinen, und versetzen dadurch den Kranken in einen gänzlichen Mangel an Blut. Dazu verleitet sie die falsche Voraussetzung, dass der Verlust des Blutes durch die im Lande gewöhnlichen Speisen und Getränke leicht wieder ersetzt werde und dass die Bestandteile dieses neu erzeugten Blutes dem Blute der Eingeborenen gleichartiger seien. Dieser Irrtum geht sogar so weit, dass sie glauben, durch diese Behandlung werde die Leibesbeschaffenheit der Neuangekommenen weit geschickter gemacht, das ihnen ungewohnte fremde Klima ertragen zu können.

Die Untätigkeit und der unphilosophische Geist dieser Nation lassen nicht hoffen, dass der wahre Grund der von diesem Klima erzeugten Krankheiten jemals mit gehöriger Sorgfalt untersucht werden wird. […] Hartnäckig hängen sie an ihrer barbarischen Methode des Aderlasses, welche allen Kranken […] das Leben kostet.

Ein trauriges Beispiel meiner Behauptung […] hat uns noch vor Kurzem die unglückliche Mannschaft des dänischen, von Kopenhagen nach Ostindien bestimmten Schiffes ‚Ernst von Schimmelmann‘ gegeben: Sie hatte das Unglück, den 14. November 1780 an der Insel May drei Meilen vor São Tiago Schiffbruch zu erleiden. Bei unserer Ankunft waren bereits 30 Personen gestorben und 50 lagen schwer darnieder. Einige Offiziere, Reisende und Subalterne vom Schiffe suchten Hilfe zu São Tiago, sie wurden aber bald das Opfer des in einem Tage bis zu fünf- bis sechsmal wiederholten Aderlasses."

Nicht einmal eine Woche verweilte die „Joseph und Theresia" auf São Tiago, am 16. Januar 1781 fuhr sie ab, aber ungünstige Winde und länger anhaltende Flauten bewirkten, dass erst nach zwei Monaten die spanische Küste gesichtet werden konnte. Die Lebensmittel waren knapp geworden und mussten rationiert werden, auch war der Branntweinvorrat erschöpft. Mit knapper Not konnte man am 27. März in Cádiz anlegen. Nach 14-tägigem Landaufenthalt fuhr die „Joseph und Theresia" in das Mittelmeer ein und kam am 6. Mai 1781 nach einer Reise von vier Jahren, sieben Monaten und zehn Tagen glücklich in Livorno an. Der Wiener Hof wollte Triest als Zielhafen bestimmt wissen, aber

Bolts machte geltend, dass für den Verkauf der Kolonialwaren Livorno weit besser geeignet wäre; letztlich gab Wien nach. Nikolaus Fontana beschließt sein Reisetagebuch wie folgt:[154] „*Die Anzahl der Mannschaft belief sich bei unserer Abreise aus Ostindien nach Europa auf 165 Mann – Matrosen, Passagiere und andere. Die Überfahrt dauerte 13 Monate, wovon wir acht in See zubrachten. In dieser ganzen Zeit verloren wir einen einzigen Mann, und diesen durch einen Unfall. Den 2. Mai morgens riss das Tau, mit welchem Joseph Parigi, aus Livorno gebürtig, 25 Jahre alt, am Mastkorb befestigt war, um das Segel einzuziehen. Er stürzte mit dem Kopf gegen den Bord des Schiffes und blieb auf der Stelle tot.*"

Fontana spricht allerdings nur von jenen Mannschaftsmitgliedern, die sich in Ostindien eingeschifft hatten; es ist nicht bekannt, wie viele von ihnen die gesamte viereinhalbjährige Reise der „Joseph und Theresia" mitgemacht hatten. Daher vergaß er auch zu erwähnen, dass von den 20 mitgeschickten kaiserlichen Soldaten nur fünf nach Triest zurückkehrten; drei waren desertiert und zwölf verstarben an tropischen Krankheiten bzw. an Skorbut. Es ist übrigens bezeichnend, dass der Schiffsarzt weder Bolts, den Schiffseigner und Leiter des Unternehmens, noch den Schiffskapitän auch nur mit einer Silbe erwähnt. Kursänderungen oder Anlaufstellen (stets mit Angaben des Breitengrades) werden immer so dargestellt, als ob sie von einem anonymen Kollektiv beschlossen worden wären.

---

154 Fontana a. a. O. S. 29 f.

13. SCHICKSALSJAHR 1781

Als die ersten Schiffe der Kompanie, die „Kolowrat" und die „Binder", im März 1781 in Livorno ankamen, erweckten sie ziemliches Aufsehen. Großherzog Leopold kam selbst zum Hafen und inspizierte die Ladung (Tee, Seide, Textilien usw.). Mehrmals berichtete die „Wiener Zeitung" von der abenteuerlichen Reise der „Joseph und Theresia" (die erst zwei Monate später anlegte). So liest man in der Ausgabe vom 23. Mai 1781,[155] dass Wilhelm Bolts mit den zwei Schiffen „Joseph und Theresia" und „Binder" mit reicher Ladung in Livorno angekommen wäre. *„Diese Schiffe, so an das dasige Handlungshaus Otto Frank & Co. angewiesen sind, müssen nunmehr die von dem Gesundheitsmagistrate vorgeschriebene Reinigungszeit aushalten, weil sie in der Meerenge von einem englischen Kriegsschiff visitiert worden sind."*

Der Fantasie waren keine Grenzen gesetzt, und der Theaterdichter *Stephanie Christian Gottlieb der Jüngere* (1741-1800) verfasste ein Lustspiel mit dem Titel: „Der Ostindienfahrer oder die Liebe heilt nichts".[156] Dabei bemühte der Autor zwei alte Klischees: Das erste handelt von einem verschuldeten Mann, der nach Indien verkauft wurde, sich dort hocharbeitete und nach zwölf Jahren schwerreich zurückkehrt; das zweite Klischee kreist um zwei Schwestern, von denen die eine klug, die andere töricht ist. Dieses eher seichte Unterhaltungsstück wurde nicht nur in Wien, sondern sogar im Deutschen Theater in St. Petersburg aufgeführt, wofür

---

155 Wiener Zeitung, 23. Mai 1781

156 Stephanie Christian Gottlieb der Jüngere: Der Ostindienfahrer oder: Die Liebe heilt nichts. Ein Original-Lustspiel in drey Aufzügen. Wien 1781

Zarin Katharina II. „*die Große*" (1762-1796) dem Autor ein goldenes Medaillon verehrte.[157]

Hat sich diese lange Fahrt der „Joseph und Theresia" für die eigens gegründete Triestiner Handelskompanie gelohnt? Vorerst war man über den finanziellen Misserfolg verzagt. Konnte das Unternehmen einer guten Zukunft entgegenblicken? Eines war unbestreitbar: Bolts war mit einem Schiff ausgelaufen und mit drei Schiffen zurückgekehrt. Nur hatte er für den Schiffserwerb mehr ausgegeben, als er für den Verkauf der Ladung hereinbekam. Und diese wurde obendrein sogleich von seinen Gläubigern in Livorno beschlagnahmt.[158] Erst auf kaiserliche Weisung wurden wenigstens die Schiffe freigegeben. Insgesamt hatte Bolts in den viereinhalb Jahren seiner Indienfahrt nicht weniger als 11 Schiffe unterschiedlicher Größe erworben und zwei bei fremdem Besitz unter Vertrag gestellt. Letztere dienten der Versorgung der Nikobaren-Kolonie, drei Schiffe liefen für die Delagoa-Bay-Kolonie (eines davon als schwimmende Faktorei), drei Schiffe sollten zwischen den österreichischen Handelsniederlassungen in Indien verkehren und vier Einheiten waren schließlich dazu bestimmt, Waren von Indien nach Europa zu befördern.[159]

Bolts war auch geschickt genug, um Güter anderer Geschäftsleute unterschiedlicher und sogar britischer Nationalität zu befördern, denn für sie schien die neutrale österreichische Flagge in diesen kriegerischen Zeiten eine gewisse Sicherheit zu bieten. Allerdings wurde schon damals die Frage aufgeworfen, ob für die

---

157 Wiener Zeitung vom 27. Juni 1781, S. 6.
158 HHStA, OIK, Karton 1: Kabinettsvortrag vom 28. August 1782 – Karton 2: Kabinettsvortrag vom 16. März 1779 fol. 22 ff. – Karton 5, große Mappe: „Korrespondenzen 1778", kleine Mappe D fol. 44 ff. – kleine Mappe: Schreiben von Proli, 30. Juli 1779 über den Verkauf der Ladung (fol. 44) – Mappe F, fol. 12 ff.
159 Meisterle a. a. O. S. 99 f., 136

Handelsgesellschaft überhaupt eigene Faktoreien notwendig gewesen wären, denn diese zogen nur den Argwohn fremder Seemächte, insbesondere von England und Portugal, auf sich. Und Österreich war keine Seemacht, die sich in Übersee auf Dauer behaupten konnte –, die einzige Stärke des Habsburgerreiches bestand in seiner Diplomatie, im konkreten Fall in der Neutralität der kaiserlichen Flagge. Die weitere Existenz von Faktoreien und Kolonien hing von der Akzeptanz durch europäische Seemächte und vor allem davon ab, ob sie auch regelmäßig angelaufen und mit dem Nötigsten dotiert werden konnten. Und speziell hing das Überleben der Faktoreien an der südlichen Malabarküste von Haidar Ali und dessen Kriegsglück gegenüber den Briten ab (Krieg 1779-1782). Es gab aber noch einen anderen Umstand der Ungewissheit, nämlich jenen mit den Antwerpener Geschäftsleuten unter Proli, die sich von Bolts unabhängig machen wollten und am Wiener Hof ständig ihre Ränke gegen ihn schmiedeten.

Für das Organisationsgenie Bolts hatte sich die vierjährige Reise nur bedingt rentiert, denn er kehrte nicht mit „sagenhaften Reichtümern", sondern als hoch verschuldeter Mann zurück –, seine Außenstände beliefen sich auf etwa 40.000 fl., hinzu kamen noch jene (oben erwähnten) 180.000 fl., die ihm das österreichische Ärar zur Verfügung gestellt hatte und die, nachdem die Ladungen der ersten angekommenen Schiffe in Livorno beschlagnahmt worden waren, nunmehr uneinbringlich schienen.[160] Die Hoffnung auf künftige Gewinne gründete sich auf der Erwartung, als Chef der Triestiner Kompanie und zugleich genialer Händler in Zukunft ein entsprechendes Vermögen anzuhäufen. Alles hing für ihn davon ab, ob er mit den Antwerpenern unter Proli weiter zusammenarbeiten konnte oder ob sich diese von ihm trennten. Die Kompanie selbst verfügte jetzt zwar über ein hohes Anlagekapital in Form von Schiffen, Waren,

---

160 HHStA, OIK Karton 2, „Vorträge 1782" fol. 1-88: Kabinettsvortrag vom 28. August 1782

Faktoreien und Kolonien, doch ob daraus in Europa Geld gezogen werden konnte, war mehr als ungewiss.[161] Nach einer Berechnung von Bolts betrugen die Aktiva der Gesellschaft (nur Sachkapital) 542.041 fl., über das Geldkapital, insbesondere über die in Europa angehäuften Schulden, schwieg er sich allerdings aus. Jedenfalls kompensierte der Verkauf jener aus Asien mitgebrachten Waren nicht die bisher angelaufenen Kosten. Und das alte Flaggschiff „Joseph und Theresia" hatte nur mehr geringen Wert (Bolts bezifferte ihn mit lediglich 16.000 fl.) und hätte einer weiteren Asienmission nicht mehr standgehalten. Nicht zu unterschätzen wären allerdings die kommerziellen Kontakte gewesen, welche Bolts in Indien mit Kaufleuten aus verschiedenen Staaten geschlossen hatte, ein Netzwerk, das in Zukunft gewinnbringend genutzt hätte werden können, wären nicht die Antwerpener unter Proli mehr darauf aus gewesen, eigene Geschäfte zu machen und dabei Bolts zu übergehen.

Charles Proli hatte, wie erwähnt, während der langen Abwesenheit von William Bolts vergebens versucht, das kaiserliche Privileg für eine eigene Handelsgesellschaft zu erhalten. Dazu reichte er etliche Projektvorschläge ein.[162] Eine grundsätzliche – und etwas umständliche – Stellungnahme der Wiener Regierung, Bezug nehmend auf den Traktat von 1727 lautet: [163] *„... dass der k. k. Hof nicht befugt ist, eine niederländische Handlungs-Companie zu oktroyieren, welche eine Handlung unmittelbar aus den Niederlanden nach Ostindien und von da wieder zurück einleiten will. [...] Dass der k. k. Hof [...] die vollkommene und unbeschränkte Freiheit habe, wie jede*

---

161 HHStA, OIK Karton 5, Mappe F fol. 83

162 HHStA, OIK Karton 1, Mappe: „Verträge 1775-86" fol. 1-222; Aktenstücke über Verleihung des Octroi für Proli fol. 1-198, insbes. Protokoll vom 26. Juni 1780

163 HHStA, OIK Karton 2, „Kabinettsvorträge 1774-80", fol. 34 ff. – 10 ff., 20 ff.: Stellungnahmen von Kaunitz, 22. April und 18. Oktober 1780, Glosse Maria Theresias

andere souveräne Macht hat, Handlungsgesellschaften zu oktroyieren und solche mit eigenen Schiffen unter dem k. k. Panier fahren zu lassen.“ Nichtsdestoweniger hielt der Wiener Hof an Bolts fest, denn das von Proli gewünschte „… Octroi setzt den Bolts gänzlich auf die Seite und begreift ihn nicht in selbem. Die Ursache, warum in dem zertifizierten Octroi von Bolts keine Erwähnung gemacht worden ist […] besteht darin: Das lange Stillschweigen des Bolts, die bisherige Nichterfüllung seiner Versprechen, die Flucht seines Gefährten Williams, die von ihm auf Konto des Ärar ausgestellten Wechsel und mehrere andere Umstände lassen wenig Hoffnung eines guten Ausschlags seiner Unternehmungen übrig …“. Doch Kaunitz legte am 12. Oktober 1780 jedenfalls fest, dass Prolis Projekte keine Sicherheit gewährten, dass er aber wie jeder andere auch frei mit Ostindien handeln könne. Maria Theresia dazu wörtlich: „Placet nach China nicht, aber nach Indien, wo des Bolts Octroi besteht.“ Dies war eine ihrer letzten Amtshandlungen, denn am 29. November 1780 starb die Monarchin.

Bolts gewann nun den Großherzog Leopold für sich: Nach einer Audienz gewährte ihm der Fürst im Mai 1781 ein auf fünf Jahre befristetes Handelsprivileg für Ostindienfahrten unter toskanischer Flagge. Joseph II. machte seinerseits jegliche weitere Unterstützung des Ostindienhandels von einer Einigung zwischen Bolts und Proli abhängig. Da sich der Kaiser im Sommer 1781 in den Österreichischen Niederlanden aufhielt, war es naheliegend, dass die beiden Kontrahenten einander auch dort trafen, um eine neue Vereinbarung zu schließen, bevor sie beim Monarchen vorstellig wurden. Also reisten sie nach **Brüssel**. Diese vor allem in der Neuzeit heiß umkämpfte Handelsstadt war mit einem fünfeckigen Mauerkranz aus dem 14. Jahrhundert umgeben und fungierte seit 1713 als Hauptstadt der Österreichischen Niederlande. Unter Maria Theresia erlebte sie eine neue Blüte als Zentrum des Bankenwesens, 1778 eröffnete die Brüsseler Börse. (1789 revoltierten die Bürger gegen Joseph II. und seinen nach Wien orientierten Zentralismus.)

Joseph II. war gegenüber wirtschaftlichen Fragen durchaus aufgeschlossen. Ihm ging es bei seinem Aufenthalt in den Niederlanden zwar vorwiegend um eine Aufhebung der Scheldesperre (die er nicht erreichte), die Belebung des Überseehandels schien ihm aber auch erwägenswert. Daher rief er eine eigene Sachverständigenkommission ins Leben, um sich der Neugründung bzw. Ausgestaltung der Triestiner Ostindienkompanie anzunehmen. Die Verhandlungen mit Bolts, Proli und den beiden anderen Antwerpener Financiers, Chevalier Borrekens und Dominic Nagels, gestalteten sich schwierig. Denn einerseits mussten die Geschäftsleute untereinander handelseins werden, andererseits wollten sie bei möglichst geringem Risiko eine maximale finanzielle Beteiligung des Staates herausschlagen. Zuletzt schaltete sich der Kaiser persönlich ein, gewährte ihnen am 27. Juli 1781 eine Privataudienz und genehmigte die Errichtung einer Aktiengesellschaft in jener Form, welche alle einigermaßen zufriedenstellte. Vorbedingung war allerdings eine Einigung zwischen Bolts und Proli, die vertraglich am 9. August geschlossen wurde: Demgemäß übernahmen Proli und die beiden anderen Antwerpener Financiers, Chevalier Borrekens und Dominic Nagels, die Garantie für jene (oben erwähnten) 180.000 fl., welche Bolts dem Ärar schuldete, die aber vorerst vom Kaiser gestundet wurden; im Gegenzug durften sie den Gewinn von den Handelsfahrten zweier Schiffe allein einstreifen. Bolts behielt vorläufig seinen Offizierscharakter.

Am 8. Oktober 1781 unterzeichnete Joseph II. einen „Acte declaratoire" für die neue Aktiengesellschaft: **„Societé Impériale pour le Commerce Asiatique de Trieste et d'Anvers."**[164] Das Kapital war mit 200.000 fl. bemessen, wofür der Staat einen zinsfreien Kredit von 180.000 fl. (Laufzeit bis 1786) bereitstellte. Nun sollten Aktien zu je 1.000 fl. bis zu einer Gesamtsumme

---

164 HHStA, OIK Karton 6: Große Mappe „Korrespondenzen 182-1783" ohne fol.; kleine Mappe G: Memoire, Akten, Traktat vom 1. März 1782 – ausführlich siehe auch: Hallward a.a.O. S. 190 ff. – Meisterle a.a.O. S. 102 ff. – Pollack-Parnau a.a.O. S. 71 ff.

von zwei Millionen fl. ausgeschüttet werden, die jährliche Dividende betrug fünf Prozent. Das Direktorium bestand aus fünf Personen; Bolts wurde mit kaiserlicher Zustimmung Kopf und Direktor der Gesellschaft und erhielt das Privileg, Allianzverträge und Wirtschaftsverträge mit allen indischen Potentaten zu schließen. Die Direktoren sollten in Antwerpen, in Livorno und Bolts selbst in Triest residieren. Jeder von ihnen erhielt ein Aktienpaket von 200 fl., womit schon die Hälfte aller Wertpapiere verbraucht war. Die übrigen 1.000 Aktien wurden binnen Kurzem von 84 Personen unterschiedlicher Nationalität erworben.

14. DAS ENDE DER BEIDEN ÖSTERREICHISCHEN KOLONIEN

Der Wiener Hof zeigte sich lange Zeit durchaus angetan von den Koloniegründungen und hegte hohes Vertrauen in Bolts. Insbesondere Staatskanzler Kaunitz sorgte dafür, dass den beiden österreichischen Niederlassungen die entsprechende diplomatische Unterstützung zuteil wurde, was allerdings, wie gleich zu zeigen sein wird, nicht gelang. Denn den Seemächten war ein gewinnbringender Handel wichtiger als die oberflächliche Freundschaft mit Maria Theresia und Joseph II., zumal sich die Herrscherin und ihr Nachfolger zwar wohlwollend gegenüber den Kolonien äußerten, sich aber nicht mit ihrem gesamten politischen Gewicht für deren Fortbestand einsetzten. Immerhin erwogen beide, nach Ablauf des mit zehn Jahren befristeten Octrois (1785) die österreichischen Niederlassungen in kaiserlichen Besitz zu übernehmen oder zumindest als Eigentum der Triester Handelskompanie zu sichern.

Die kleine österreichische Kolonie in der Delagoa-Bucht schien sich ganz gut zu entwickeln und beherbergte bereits vier Jahre nach ihrer Gründung 155 Europäer und eine nicht bezifferbare Anzahl von Sklavinnen und Sklaven. Ihr standen die drei Zweimaster zur Verfügung: die „Proli" mit einem Fassungsraum von 140 Tonnen, die kleine Schnaubrigg „L'Ottino" mit 60 Tonnen und die Ketsch bzw. Brigantine „Ferdinand" als ortsgebundene Faktorei mit einem Ladegewicht von 150 Tonnen. Unter der Leitung des von Bolts eingesetzten Residenten Daniel Pollet schienen die Geschäfte hervorragend gelaufen zu sein, der Handel mit Sklaven und Elfenbein florierte – und zog alsbald den Argwohn Portugals auf sich. Auch hatte man mit den unmittelbar benachbarten Einheimischen kein gutes Einvernehmen, wohl auch, weil diese fürchteten, selbst versklavt zu werden. Im April 1781 wagte Kapitän Manvaring mit seiner „Ferdinand" eine Expedition flussaufwärts in das Landesinnere. Nachdem das Schiff vor Anker gegangen war und sich der Kapitän mit zehn Besatzungsmitgliedern ausgeschifft hatte, gingen mit Speeren bewaffnete Afrikaner gegen sie vor und töteten alle. So einfach war es eben doch nicht, einer ortsansässigen Bevölkerung Verständnis für europäische Forschungs- und Handelsreisen abzuverlangen –, wie ja auch das Beispiel von James Cook beweist, der während seiner dritten Weltumsegelung am 14. Februar 1779 auf Hawaii von Eingeborenen ermordet worden war. Auch Jahrzehnte später blieb das Hinterland der Delagoa-Bucht ein für Europäer gefährliches Pflaster. So gibt es einen Bericht aus dem Jahr 1824 über einen Trupp von Engländern, die von ihren Mutterschiffen mit einigen Booten ablegten, um den größten der drei Flüsse, welche sich in die Bucht ergießen, zu untersuchen:[165] *„Bei dieser Gelegenheit wurde eines der Boote von einem Nilpferd angegriffen und beinahe gänzlich zerstört. Die Mannschaft rettete sich indessen glücklich ans Ufer, wo sie die Nacht über lagern musste. Gegen Mitternacht aber wurde sie hier von einem Schwarme von beinahe achthundert Wilden* [die Zahl ist gewiss zu hoch angesetzt] *aufs Entschlossenste angegriffen, diese wurden jedoch bald zurückgetrieben, und die Engländer hatten keinen weiteren Verlust als die Verwundung eines einzelnen Mannes. Nach einer Abwesenheit von zehn Tagen kehrten die Boote zu den Schiffen zurück, auf welchen bald das Fieber ausbrach, welches in kurzem 37 Personen hinwegraffte.“* Dann verließen die Briten die Delagoa-Bucht.

Unmittelbar nach Rückkehr der „Ferdinand“ von ihrer gescheiterten Expedition ins Landesinnere erfüllte sich das Schicksal der österreichischen Kolonie:[166] Ende April 1781 tauchte die

---

165 Archiv für Geografie, Historie, Staats- und Kriegskunde: Heft 50, 1924, S. 294

166 HHStA, OIK Karton 4, große Mappe: „Korrespondenz der Staatskanzlei 1777-80, 1782-86“, Bericht über die Vertreibung des Bolts'schen Etablissements in Delagoa durch die Portugiesen vom 10. Jänner 1782 – siehe auch: Meisterle a. a. O. S. 109 ff., Pollack-Parnau a. a. O. S. 81 f.

portugiesische Fregatte „Sant'Anna e S. Joachim" mit 500 Soldaten und 40 Kanonen in der Bucht auf. Sie kaperten die „Ferdinand" sowie die „Proli", dann zerstörten sie kampflos alle österreichischen Unterkünfte und Magazine des „Fort St. Joseph" und brachen gewaltsam den Widerstand auf der Insel Iniâca bzw. St. Mary's Island, wo sich das Hauptquartier der Österreicher befand. Dabei gab es einige Tote. Zufällig ankerten auch zwei britische Schiffe in der Bucht, deren Besatzung nahm aber von der gewaltsamen Vertreibung der Österreicher offenbar keine Notiz und konzentrierte sich auf ihren eigenen Elfenbeinhandel. Indessen wurde die gesamte Belegschaft der Kolonie gefangen genommen und gemeinsam mit den erbeuteten Schiffen in den bereits von Portugal beherrschten Norden von Moçambique bzw. ins portugiesische Goa an der Malabarküste gebracht. In der Delagoa Bay wurde sogleich eine militärisch gesicherte dauerhafte portugiesische Niederlassung aufgebaut. Auf diplomatischem Weg war gegen diesen Piratenakt nichts zu erreichen, weil Lissabon die Ansicht vertrat, dass Bolts' Koloniegründung in Afrika insofern unrechtmäßig gewesen wäre, als an diesem Ort bis zum Jahr 1740 ein portugiesisches Fort bestanden hätte. Schließlich verlor Wien das Interesse an dieser leidigen Angelegenheit; Baron Lebzeltern wurde beauftragt, in Lissabon wegen der Gewalttätigkeit in der Delagoa-Bucht vorstellig zu werden, sodass *„die gütliche Beilegung dieses unangenehmen Vorfalls"* möglich werde.[167] Man wollte jedenfalls das gute Einvernehmen mit Lissabon nicht gefährden.

Etwa zur selben Zeit wie das Debakel in der Delagoa Bay beendete auch die österreichische Kolonie auf den Nikobaren ihr Dasein, allerdings auf weniger dramatische Weise:[168] Auch hier sah sich eine andere europäische Macht in ihren Interessen verletzt,

---

167 HHStA, OIK Karton 1, Kabinettsvortrag vom 5. Juni 1782
168 Pollack-Parnau a. a. O. S. 82 ff. – ausführlich siehe: Meisterle, koloniale Ostindienpolitik a. a. O. S. 24 f.

nämlich Dänemark. Wiederholte Demarchen aus Kopenhagen[169] wurden in Wien anfangs ignoriert und später, als Österreich Kompromissvorschläge unterbreitete, von Kopenhagen nicht mehr ernst genommen. Denn im Gegensatz zu den Ausführungen des Schiffsarztes Nikolaus Fontana (siehe oben) gestalteten sich die Lebensumstände auf den Inseln als ausgesprochen siedlungsfeindlich. Auch verliefen die Handelsgeschäfte ungünstig, zumal die österreichische Ostindiengesellschaft unter dem Einfluss der Antwerpener Teilhaber die Nikobarenniederlassung seit 1781 bewusst boykottierte und förmlich aushungerte. Der unglückliche, von Bolts eingesetzte österreichische Resident *Leutnant Gottfried Stahl* hatte in seiner Verzweiflung den oben erwähnten Herrnhuter *Jakob Hegner* als Boten nach Wien geschickt, um die dramatische Lage zu beschreiben: Der Mangel an Nahrungsmitteln, Süßwasser und das ungesunde Klima setzte den Europäern schwer zu, weil es keinen Schutz vor den tropischen Regengüssen gab und nicht einmal das Blockhaus des Residenten trocken blieb. Hegner beschrieb die Lage so:[170] *„Niemand, als der es erfahren hat, kann sich vorstellen, was es heißt, in einem wilden und wüsten Lande zu wohnen, wo man nicht nur aller gesellschaftlichen Vergnügungen und Bequemlichkeiten, sondern auch des Notwendigsten beraubt ist, sich in einem ungesunden Klima, krank ohne Arzt, ohne Arznei, ja ohne die dienliche Speise und Erquickungsmittel zu befinden. Dazu kommt noch die Sorge für andere Kranke, welchen er nicht nach*

---

169 HHStA, OIK Karton 4, große Mappe: „Korrespondenz der Staatskanzlei mit auswärtigen Höfen 1777-80, 1782-86", kleine Mappe 1783 fol. 1-4: Promemoria des dänischen Gesandten in Wien; kleine Mappe 1784 fol. 1-28: Beschwerde des dänischen Hofes, gütliche Beilegung durch Wien.

170 HHStA, OIK Karton 1, fol. 291-350: Abhandlung betreffend eine Kolonie… durch Jakob Hegner –siehe auch: Franziska Kaspar: Kolonialland Österreich. Die Österreich-Ostindische Handelskompanie unter Wilhelm Bolts (1740-1808). In: Irmgard Kirchner, Gerhard Pfeisinger (Hrsg.): Weltreisende. ÖsterreicherInnen in der Fremde. Wien 1996, S. 44 f.

Wunsch helfen kann, die alsdann über ihn murren, als ob er die Ursache ihrer Mühseligkeiten wäre, [… endlich] die Sorge, den Proviant vor Verderben zu bewahren, in einem Lande, wo es fast neun Monate im Jahr regnet, wo man kein tüchtiges Magazin und keine Leute hat, eines zu bauen. Zur Wohnung ein baufälliges hölzernes Haus, in welches es auf allen Seiten hineinregnet, ohne Möglichkeit, es auszubessern oder ein neues zu bauen. […] Viele sowohl französische als englische Kapitäne haben ihm [Stahl] und mir ihr Mitleid […] und ihre Verwunderung über sein [Stahls] standhaftes Aushalten bezeugt.“ Stahl hatte zwar einige Malayen aus Madras kommen lassen in der Erwartung, diese würden an derartige Witterungsverhältnisse gewöhnt sein, allein jeder zweite starb, und wer überlebte, floh, sobald er konnte. Stahl bzw. Hegner stellte eindringlich vier Forderungen: 1) zum Schutz vor fremden Mächten die Entsendung einer Kompanie Soldaten samt Offizieren und für diese ein großes Haus oder eine Kaserne; 2) ein großes Haus, um die erforderlichen 200 bis 300 Kolonisten mit ihren Familien, unter ihnen Bauern, Handwerker und Ärzte, sogleich unter Dach zu bringen; jedem Bauern sollten Rinder, Schweine, Ziegen und Schafe sowie zwei bis drei Paar „Neger Sklaven“ mitgegeben werden, den Handwerkern, die ja nur eine kleine Landwirtschaft benötigten, entsprechend weniger. 3) Ferner forderte Hegner die Errichtung eines geräumigen Spitals und insbesondere 4) ein Magazin zur Aufbewahrung des Proviants und der Gerätschaft. Zur Aufrechterhaltung der Ordnung müsse ein einheimisches Oberhaupt eingesetzt werden, die autochthone Bevölkerung sei zur Zwangsarbeit zu verpflichten. Laut Hegner handelt es sich bei ihnen um *„unwissende Wilde, […] sie seien so wenig als Kinder imstande, von dem, was ihr wahres Bestes ist, zu urteilen. Man wird sich daher nicht enthalten können, zuweilen Ernst zu gebrauchen, um sie zu zivilisieren und dem gemeinen Wesen brauchbar zu machen.“*

Allein, Jakob Hegner fand in Wien kein Gehör: Denn der Verlust der Delagoa Bay hatte bei Staatskanzler Kaunitz ein Umdenken bewirkt, zumal bekannt wurde, dass Gottfried Stahl 1783 selbst dem lebensfeindlichen Klima erlegen war. Im folgenden Jahr fuhr

das dänische Schiff „Snof Dansborg" unter Kapitän Schimmer-
mann die Nikobaren an, um die Inseln wieder in Besitz zu nehmen. Den ausgeschifften dänischen Soldaten traten aber weder
österreichische Soldaten noch Kolonisten oder indische Arbeiter entgegen, sondern als einzige Überlebende zwei Sklaven. Die
Kolonie war also ohne äußerliche Gewaltanwendung von selbst
zugrunde gegangen. 1787 kehrten auch die Mährischen Brüder
den Inseln für immer den Rücken. Von der einstigen österreichischen Niederlassung finden sich keine Spuren mehr. Auch
der dänische Kolonisierungsversuch scheiterte nach dreieinhalb
Jahrzehnten. Seit 1869 beanspruchte Großbritannien den Besitz
der Nikobaren.

15. AUFSTIEG UND FALL DER TRIESTINER-ANTWERPENER HANDELS-KOMPANIE

Wie ging es mit der „Societé Impériale pour le Commerce Asiatique de Trieste et d'Anvers" weiter? Zunächst vereinbarten die Geschäftspartner, sechs Schiffe nach China und Indien, zwei nach Ostafrika und drei für den südlichen Walfang zu entsenden. Um Bolts möglichst aus der Gesellschaft hinauszudrängen bzw. von ihm unabhängig zu werden, gestatteten ihm die Antwerpener, zwei unabhängige Expeditionen auf eigene Rechnung durchzuführen. Er ging sofort ans Werk und plante die erste österreichische Weltumseglung:[171] Dazu rüstete er im November 1781 das in England gekaufte, 600 Tonnen verdrängende Schiff „Comte de Cobenzl" (benannt nach dem Vizekanzler Philipp Graf Cobenzl, 1741-1810) aus und versah sich mit kaiserlichen Empfehlungsschreiben an die verschiedenen Prinzen, zu denen das Schiff anlaufen würde. Die Fahrt sollte dem neu entdeckten Handelsprodukt „Otterfelle" dienen: Diese wären – im Anklang an die Reise von James Cook (1676 1780) – an der Nordküste Amerikas einzukaufen und nach der Umrundung von Kap Horn in China (Kanton) zu verkaufen gewesen. Eine eigens auf den Bermudas erworbene Schaluppe mit nur 45 Tonnen Ladegewicht sollte zur Bewachung mitfahren. Bolts fungierte aber nur als Organisator des Unternehmens, die Leitung übertrug er dem bereits im Ostindienhandel erfahrenen gebürtigen Ungarn Johann Joseph Bauer. Als Begleiter engagierte Bolts vier englische Offiziere, die bereits unter James Cook gedient hatten, sowie auch fünf Naturforscher und Tierhändler. Der Kaiser bewilligte die Mitnahme von 20 freiwilligen Soldaten (1 Feldwebel,1 Korporal, 1 Tambour, 17 Gemeine, 5 Artilleristen zur Bedienung der

---

171 Bericht des Vorsitzenden der Britischen Ostindien-Kompanie an Lord Hillsborough. In: Hallward a. a. O. S. 194

Schiffsgeschütze). Allein das gewagte Vorhaben scheiterte, noch bevor es begonnen hatte: Denn Bolts war persönlich mit 58.000 fl. hoch verschuldet und seine Gläubiger beschlagnahmten das Schiff und verhinderten so die Abfahrt aus Triest.[172] In dieser Angelegenheit besonders involviert war der Wiener Bankier *Johann Graf Fries* (1719-1785; dessen Sohn Moritz Christian [1777-1826] diente als Vorbild für Ferdinand Raimunds „Verschwender"). An sich hatten ja die Antwerpener Geschäftspartner die Garantie für alle Außenstände von Bolts übernommen, doch dies schien seinen Geldgebern nicht sicher genug zu sein. Als Bolts den Kaiser um einen Vorschuss von 150.000 fl. bat, lehnte dieser mit folgenden Worten ab:[173] *„Aus beiliegender Note der Hofkammer […] werden Sie ersehen, dass Bolts zu zahlen aufgehört hat. Und da ich nicht gesonnen bin, mich auf Partikular-Aktien einzulassen, so werden Sie trachten, dass sowohl das Militär- als Kameral-Ärarium schadlos gestellt werde."* Bolts' Versuch, in St. Petersburg finanzielle Unterstützung zu finden, scheiterte ebenfalls.[174] Inzwischen liefen die Kosten weiter, denn die angeheuerten Offiziere und Mannschaften mussten entlohnt werden. Schließlich entließ man die englischen Offiziere und schickte auch die 20 Soldaten zu ihren Regimentern zurück. So musste Bolts den risikoreichen Versuch einer Weltumsegelung aufgeben und die „Cobenzl" zu einer lukrativen Ostindienfahrt bestimmen. Doch selbst dies war nicht so einfach, denn auch dafür benötigte man entsprechendes Kapital. Das segelfertige Schiff hatte bereits 130.000 fl. gekostet, die gesamte Expedition mit Inbegriff des Schiffes und der Ladung wurde mit 400.000 fl. veranschlagt. Daher gründete Bolts mithilfe der drei Triestiner Kaufleute Jakob v. Gabbiati, Johann Adam Wagner und Johann Rosetti eine eigene Aktiengesellschaft:

---

172 HHStA, OIK Karton 3, Korrespondenz der Staatskanzlei mit Hofstellen 1781-83, 1786", fol. 1-110; ausführliche Zusammenfassung siehe: Meisterle a. a. O. S. 115 ff. – Pollack-Parnau a. a. O. S. 88 ff.

173 HHStA, OIK Karton 2, „Vorträge 1782" fol. 12 f. – fol. 42 ff.

174 Ebenda, fol. 6-9

In der öffentlichen Ausschreibung (Konvention vom 20. Dezember 1782) heißt es vielversprechend:[175] *„Es ist allgemein bekannt, dass Ihre Majestät, die Kaiserin Königin glorreichen Andenkens unterm 5ten Juni 1775 Herrn Obrist-Leutnant Wilhelm Bolts ein Octroi oder sehr weitläufiges Privilegium, einen Handel nach Ostindien zu errichten, allergnädigst zu erteilen geruht haben. Nicht weniger ist bewusst, dass die durch besagten Herrn Bolts gemachten Unternehmungen und in Sozietät mit verschiedenen Personen nach besagten Ländern abgeschickten Schiffe bei ihrer Rückkunft einen ansehnlichen Nutzen gegeben haben, dem seitdem eine wirkliche Kompanie mit einem Kapital von zwei Millionen Gulden, so unter deren niederländischen Untertanen Ihrer kaiserlichen Majestät in Aktien verteilt, unter seiner Mitaufsicht errichtet worden ist. […]*

Besagter Herr Bolts wird mit Vereinigung der mitunterzeichneten Herren Mit-Directeurs und für Rechnung dieser Triestiner Sozietät das neue kaiserliche und in diesem Hafen von Triest liegende Schiff, der ‚Cobenzl' genannt, von ungefähr 600 Tonnen, so mit erfahrenen Seeoffizieren versehen und durch den kaiserlichen Untertan, Kapitän Johann Joseph Bauer kommandiert ist, ausrüsten lassen, um dasselbe auf das Längste im künftigen Monat März nach Ostindien und China auf dem gemeinen Weg des Kaps der Guten Hoffnung abzusenden.

Obgleich besagtes Schiff mit seiner ganzen vorfindlichen Zurüstung als Segel, Tauen, Anker etc. Herrn Bolts auf fl. 130.000 zu stehen kommt, so wird er doch der vorgeschlagenen Sozietät nicht höher als 110.000 fl. angeschlagen werden. […] Besagte vorgeschlagene Expedition mit Einbegriff des Schiffes und der Ladung […] erfordert ein Kapital von 400.000 fl., welches Kapital nun in 100 Aktien, jede um 4000 fl. unterteilt ist. […].“ Bolts verpflichtete sich zur Übernahme von 14 Aktien im Wert von zusammen 56.000 fl. Jedem Aktionär wurde eine jährliche Rendite von 10 Prozent und die

175 HHStA, OIK Karton 6, kleine Mappe „Expeditionen 1782" –, Karton 2, „Vorträge 1782", fol. 80 ff.: Reglement der neuen Aktiengesellschaft

Hälfte vom Nettogewinn des ganzen Unternehmens garantiert; die andere Hälfte entfiele auf Bolts.[176]

Die misstrauischen Antwerpener schickten drei Kommissare nach Triest, um Bolts zu kontrollieren und die Interessen der Ostindischen Kompanie zu wahren, auch um Bolts daran zu hindern, Triest in Richtung Ostindien zu verlassen. Nach langwierigen Verhandlungen konnte die „Cobenzl" statt wie geplant im März dann erst am 8. September 1783 in Triest die Anker lichten und Kurs nach Indien und China nehmen. Gedacht war, zunächst die südliche Malabarküste anzusteuern, wo die drei österreichischen Faktoreien vom Wohlwollen des indischen Machthabers Haidar Ali abhingen (siehe oben). Bei der Gelegenheit sollte diesem das (oben besprochene) Geschenk von Kaiser Joseph II. überreicht werden; auf die Nachricht von Haidar Alis Tod ließ man davon ab, sein Sohn Tipu Sultan erhielt kein Geschenk.

Noch bevor die „Cobenzl" Triest verlassen durfte, erwarb Bolts in Livorno ein 700 Tonnen fassendes schwedisches Schiff, das für eine Handelsfahrt zu den Makarenischen Inseln Île de France (Mauritius) und Île Bourbon (Réunion) bestimmt war. Der Kaiser bewilligte sogar die Mitnahme von sechs Kanonen. Doch auch dieses Unternehmen scheiterte letztlich am Kapitalmangel. Abermals rächte es sich, dass sich Bolts von der Societé Impériale unabhängig machen wollte und zwei Expeditionen auf eigene Rechnung durchzuführen versuchte. Seine finanziellen Möglichkeiten blieben beschränkt und sein von Proli und anderen Antwerpenern in die Welt gesetzer Ruf als angeblich (oder tatsächlich?) säumiger Schuldner engten seine weiteren Möglichkeiten ein. Es war sein Glück, dass Staatskanzler Kaunitz weiterhin zu ihm hielt und seine Gläubiger zu überzeugen verstand,

---

176 Siehe auch: Provinzialnachrichten aus den Kaiserl. Königl. Staaten Nr. 4, 11. Jänner 1783 S. 1 ff. – Wiener Zeitung, Mittwoch 15. Jänner 1783 S.1 ff.

ihre Forderungen nicht sogleich geltend zu machen, sodass sein augenblicklicher Konkurs vermieden werden konnte.

Es ist nicht ganz klar, ob Bolts die anderen Direktoren hinterging oder ob ihn diese betrogen; wahrscheinlich stimmt beides. Eindeutig ist, dass ihn die Antwerpener in Wien zu desavouieren versuchten und seine Planungen insofern durchkreuzten, als sie die Schiffe in andere, nicht von Bolts vorgesehene Destinationen umleiteten. Sie nutzten also die kaiserliche Flagge, um ihre eigenen Geschäfte zu machen. Deutlich sah es danach aus, dass die von Bolts eingerichteten indischen Faktoreien sowie die Kolonien in der Delagao-Bucht und auf den Nikobaren bewusst gemieden wurden, um das Aufbauwerk von Bolts zu zerstören. Er wurde sogar übergangen, als am 5. Januar 1782 die „Kolowrat" von Livorno aus in Richtung Kanton abfuhr und als am 29. Januar 1782 die (kleinere) „Kaunitz", die bereits zweimal in Indien gewesen war, Triest in Richtung Nikobaren und China verließ. In der Folge wurden Triest und alsbald auch Livorno von der Societé immer seltener angelaufen. Dies hatte freilich kommerzielle Gründe, denn die aus Fernost mitgebrachten Waren ließen sich weder in Triest noch in Livorno innerhalb einer vertretbaren Zeit verkaufen – den beiden Häfen fehlte das Hinterland, sie waren daher keine geeigneten Marktplätze. Dagegen konnten die Händler in Ostende, seit 1781 ein Freihafen, Luxusgüter aus Asien, vor allem Tee, viel leichter an den Mann bringen. Es wurde stiller in der nördlichen Adria – und auch stiller um Wilhelm Bolts, der zwar darüber klagte, dass ihn die Antwerpener von den Handelsaktivitäten buchstäblich ausschlossen, der sich aber selbst kaum mehr um die Geschäfte der Societé kümmerte.

Im Juni 1782 berichtet die Wiener Zeitung,[177] dass Bolts gemeinsam mit einem englischen Kapitän in Fiume (Rijeka) ankam. *„Nach Besichtigung des Hafens, den er zu seiner Verwunderung sehr vorteilhaft*

---

177 Wiener Zeitung, Samstag, 29. Brachmonat [Juni] 1782 S. 2

*zum Schiffsbau fand, äußerte er den Wunsch, dass auch die Triester ost-
indische Handelsgesellschaft den Entschluss fassen möge, ihre Schiffe daselbst erbauen zu lassen.*" Tatsächlich hatte ja der Wiener Hof gefordert, die Societé möge in einem „erbländischen Hafen" ihre
Schiffe bauen lassen. Die Antwerpener erklärten sich auch dazu
bereit, in Österreich ein Schiff auf Kiel zu legen, allerdings nicht
in Fiume, sondern im etwa 20 km südöstlich gelegenen Städtchen
Porto Ré (heute Kraljevica).[178] Die Wahl dieses Hafens erwies sich
insofern als ungünstig, da der Bau eines derart großen, auf 1.100
Tonnen bemessenen Schiffes die Werft überforderte und daher
ungebührlich lange dauerte. Erst 1784 lief das Schiff vom Stapel.
Es wurde auf den Namen „L'Aigle Imperial" getauft, brachte aber
der Societé kein Glück, wie gleich unten zu zeigen sein wird.

Ab 1783 hielt sich Wilhelm Bolts hauptsächlich in Paris auf, wo
er gegen den französischen Staat wegen der Kaperung der „Grand
Duc de Toscane" (1781, siehe oben) prozessierte; wie viel er von
der erhofften Geldentschädigung letztlich bekam, lässt sich nicht
mehr feststellen.[179] Jedenfalls zog sich der Prozess bis 1788 hin. In
Wien meinte man anfangs, dass Bolts von der erhaltenen Summe
sofort die Ärarial-Forderung von 180.000 fl. begleichen solle, dann
aber suspendierte die Staatskanzlei die Forderung, um ein Kon-
kursverfahren gegen Bolts abzuwenden. Bolts ließ 1785 über die
Prozessakten sogar drei Broschüren drucken („Précis", „Observa-
tions essentielles", „Memoire")[180] und schickte diese nach Wien.

Die Triest-Antwerpener Sozietät häufte immer größere Verluste
an. Sie war aber auch vom Pech verfolgt: So war die Kolonie in

---

178 HHStA, OIK Karton 3, „Korrespondenz der Staatskanzlei mit Hofs-
     tellen den 1781-83, 1786", fol. 1-110
179 HHStA, OIK Karton 3, „Korrespondenz der Staatskanzlei mit Hofs-
     tellen 1781-83, 1786". Note vom 22. November 1785 fol. 7 ff.
180 HHStA, OIK Karton 6, unfolierte große Mappe „Korrespondenzen
     1784-87", kleine Mappen K, L, M.

der Delagoa-Bucht im April 1781 verloren gegangen (siehe oben), jene auf den Nikobaren verschwand nach 1783 förmlich im Nichts. Von der Kaperung der „Grand Duc de Toskana" war schon oben die Rede. Weitere Unglücksfälle ließen die Societé als Ganzes tief in die roten Zahlen sinken: Die (große) „Kaunitz" scheiterte 1782 vor den Azoren, die in Liverpool erbaute und beladene „Comte de Beligiojoso" (nicht identisch mit dem von Bolts in Madras erworbenen gleichnamigen Schiff) kenterte im März 1783 wenige Tage nach dem Auslaufen vor Dublin und auch die in Frankreich gekaufte „L'Archiduc Maximilian" erlitt im April 1783 Schiffbruch. Der Schaden erreichte bereits Millionenhöhe.[181] Nichtsdestoweniger beschaffte sich die Gesellschaft auch immer wieder neue Schiffe wie „Le Hongrois", „Le Croate", „L'Autrichien", „La Ville de Vienne" oder „Le Zinzendorf" und dirigierte sie zu den Makarenen (Mauritius) und vor allem nach Kanton, wo sie vornehmlich Tee einluden. Dadurch erlebte das Unternehmen trotz aller Verluste eine – allerdings nur scheinbare – Blüte. Im Frühjahr 1783 kreuzten neun Schiffe der Societé auf den Weltmeeren, die Anzahl der Besatzungsmitglieder betrug 980 Mann, die summierte Wasserverdrängung machte 6.400 Tonnen aus, die Schiffe waren mit insgesamt 204 Kanonen armiert. Bolts berechnete den Wert aller Schiffe mit 1,669.115 fl., jenen der Ladungen mit 2,622.156 fl. und kam somit auf den Gesamtwert von 4,291,272 fl.[182] Nicht eingerechnet war die „Cobenzl", welche erst am 15. September 1783 von Triest ablegte. Angeblich erweckte es internationales Aufsehen, als im Sommer 1783 nicht weniger als sechs Schiffe unter kaiserlicher Flagge in Kanton vor Anker lagen.[183] Aber der Schein trog, und Bolts mahnte wiederholt die Antwerpener, dass ein Chinahandel nur in Verbindung mit dem Indienhandel

---

181 Meisterle a. a. O. S. 119 f. – Pollack-Parnau a. a. O. S. 90 f.

182 HHStA, OIK Karton 6, große Mappe (ohne fol.) „Korrespondenzen 1782-1783"; kl. Mappe: „Korrespondenz 1783"

183 HHStA, OIK Karton 4, große Mappe „Korrespondenz der Staatskanzlei 1770-80, 1782-86", kleine Mappe „1784" fol. 10

langfristig Gewinn bringen könnte. Doch die von Bolts gegründeten Faktoreien wurden bewusst nicht angefahren, und um ihn auch noch zu desavouieren,[184] erreichten Proli & Co. 1782 die Entsendung des kaiserlichen Offiziers *Wilhelm Franz v. Immens* (geb. 1730 in Brüssel, 1797 gefallen als Generalmajor bei Straßburg[185]) zur Inspektion der österreichischen Handelsniederlassungen nach Indien. Oberleutnant Immens wurde zum Hauptmann befördert und erhielt einen vorerst auf fünf Monate bemessenen Sonderurlaub für seine Ostindienfahrt, die er am 20. Oktober 1779 antrat. Kaiser Joseph II. hielt es allerdings für *„befremdlich, dass der einzige der Landessprache, des Handels und der Gegend kundige Bolts in Europa verbleibe."*[186] Bemerkenswert ist das Urteil eines britischen Beobachters, der an die Britische Ostindien-Kompanie eine Situationsbeschreibung der Societé lieferte:[187] Ihr Fehler wäre einerseits, dass sie sich mit britischen und fremden Gegnern eingelassen hätte, andererseits und vor allem liege er in der Eifersucht und dem Missverständnis zwischen Bolts und seinen Kollegen in Antwerpen. *„Er scheint auch einen zu stürmischen Geist für einen Projektemacher zu haben; und sie, obwohl Hauptpersonen puncto Kapital, scheinen völlig unbemittelt von der geringsten Art der Kenntnisse, um einen Indienhandel zu betreiben."*[188]

Immens fand die einst auf 1.000 Mann angewachsenen Faktoreien sowohl personell als auch finanziell in beklagenswertem Zustand.[189] Daher lieferte er Vorschläge, um die hoch verschuldeten

---

184 HHStA, OIK Karton 1, Vortrag vom 4. Juli 1772

185 Wallisch a. a. O. S. 2

186 HHStA, OIK Karton 2, „Vorträge 1782" fol. 1-88, hier fol. 72 –, Karton 3, große Mappe: „Korrespondenz der Staatskanzlei mit Hofstellen 1781-83, 1786", kleine Mappe „1778", fol. 19 ff.

187 Hallward a. a. O. S. 195

188 Pollack-Parnau a. a. O. S. 86

189 HHStA, OIK Karton 1, Rapport von Immens vom 18. Dezember 1785 fol. 377-388

Faktoreien mithilfe von Triestiner Kaufleuten neu zu beleben. In einer Note vom 31. März 1786 bekannte er,[190] dass *„die dortigen Faktoreien sich gegenwärtig in der misslichsten Lage befinden dürften. Auf der anderen Seite könnten derlei Faktoreien eigentlich nur als Handelsmagazine und Kommissionsbestellung angesehen werden, die nicht anders als durch ununterbrochene Fortführung eines hinlänglich beträchtlichen Handels aufrecht erhalten werden können. [...]"* Immens brachte die Person des „Millionärs" Agavelli Satur ins Spiel, der sich in Triest niederlassen und die Faktoreien übernehmen würde, dafür aber Flaggenpatente für zwei Schiffe und eine Standeserhöhung forderte. Kaiser Joseph genehmigte dies am 6. April 1786. Wien stellte es fortan privaten Unternehmern frei, sich um die österreichischen Niederlassungen in Indien zu kümmern, lehnte aber jede staatliche Beteiligung ab.

Die Veränderung der politischen Großwetterlage beschleunigte indes den Niedergang der Societé: Sie hatte mit ihren unter der neutralen kaiserlichen Flagge segelnden Schiffen recht gute, wenn auch nicht ausreichende Gewinne mit chinesischem Tee erzielt, solange der amerikanische Unabhängigkeitskrieg währte. Der Pariser Friedensvertrag vom 3. September 1783 zwischen Großbritannien und den USA sowie die gleichzeitig in Versailles abgeschlossenen Verträge zwischen Großbritannien und Frankreich sowie mit Spanien und zuletzt der am 20. Mai 1784 mit den am amerikanischen Unabhängigkeitskrieg beteiligten Niederlanden machten aber die Weltmeere für alle Handelsfahrten der beteiligten Mächte wieder sicher. Binnen Kurzem überschwemmten chinesischer Tee, chinesische Seide und andere Waren aus Fernost die europäischen Märkte, die Preise sanken, und die Gesellschaft konnte ihre Schulden nicht mehr begleichen. Und als dann noch das 1.100 Tonnen fassende und in Porto Ré (heute Kraljevica) um 300.000 fl. neu erbaute Schiff „L'Aigle Imperial" (siehe oben) auf

---

190 HHStA, OIK Karton 3, Mappe „Korrespondenz der Staatskanzlei mit den Hofstellen 1781-883, 1785", fol. 18.

seiner Jungfernfahrt 1784 mitsamt seiner Ladung in Cadiz von den Kreditgebern beschlagnahmt wurde und dadurch 290.000 fl. abgeschrieben werden mussten, brach unter den Aktionären Panik aus; die Aktienkurse fielen ins Bodenlose.[191] Im August 1784 fallierte das Pariser Bankhaus Perrouteau. Da es sich bei diesem um einen der wichtigsten Kreditgeber der Societé handelte, machten die anderen Gläubiger sofort die Begleichung der bei ihnen aufgenommenen Schulden geltend. Dies gelang nicht mehr, sodass die „Societé Impériale pour le Commerce Asiatique de Trieste et d'Anvers" Anfang 1785 mit uneinbringlichen Ausständen von über drei Millionen fl. den **Bankrott** erklären musste.[192] Diese Insolvenz zog auch andere Unternehmen in den Abgrund, und nicht zuletzt ging sogar das Bankhaus Proli in Konkurs; Charles Proli, der diese Niederlage nicht ertragen wollte, nahm sich 1786 das Leben. Die Liquidation der Gesellschaft dauerte zwei Jahre, Nachfolgeprozesse wurden sogar bis 1817 geführt.

Im Jahr 1785 war auch das auf zehn Jahre befristete kaiserliche Octroi für Wilhelm Bolts abgelaufen. Es blieb Kaiser Joseph nichts anderes übrig, als die (oben erwähnten) gestundeten Schulden von 180.000 fl. endgültig abzuschreiben. Bolts erhob seinerseits Forderungen an die Kompanie bzw. an deren Konkursmasse in der Höhe von 665.504 fl. Ob diese Summe zu Recht bestand oder ob nicht Bolts vielmehr selbst der Societé Geld schuldig war, sei dahingestellt.[193] Denn es zieht sich eigentlich wie ein roter Faden durch Bolts' Biografie, dass er riskante Geschäfte tätigte, sich dabei hoch verschuldete, beim Misslingen dieser Geschäfte aber an jenen, die seiner Ansicht nach die Schuld am Scheitern trugen, hohe Geldforderungen stellte und diese auch gerichtlich einzufordern trachtete. Jedenfalls gab Bolts dem Antwerpener Direktorium die Schuld, weil es ihn selbst von der Geschäftsführung

---

191 Hallward a. a. O. S. 194
192 Meisterle a. a. O. S. 122 –, Pollack-Parnau a. a. O. S. 95 f.
193 HHStA, OIK Karton 1, fol. 351-376: Memoire von Bolts, 4. Oktober 1785

ausgeschlossen und gegen seinen Willen den Indienhandel vernach-
lässigt und sich dafür ganz auf den Chinahandel verlassen hätte.

Unmittelbar nach dem Bankrott der Triestiner-Antwerpener
Handelsgesellschaft 1785 eroberten und zerstörten die Briten nach
einem Sieg über Haidar Alis Sohn und Nachfolger Tipu Sultan
die österreichischen Faktoreien in Indien. Die in den zehn Jahren
zwischen 1775 bis 1785 betriebene kaiserliche Ostindienpolitik
war letztlich gescheitert, der österreichische Staat hatte sich auch
nie bereit erklärt, der Societé mit einem Millionenkredit unter die
Arme zu greifen. Die Zeiten staatlicher, protektionistischer bzw.
merkantilistischer Unternehmenspolitik gingen zu Ende und wi-
chen der physiokratischen, liberalen Ökonomie, in der das freie
Spiel des Marktes die Oberhand gewann und die unvermeidli-
chen Risiken selbst tragen musste. Es war letztlich gut so, dass
sich die Habsburgermonarchie nie mit voller Kraft für den Ostindienhandel eingesetzt hatte, denn die Kriegsära von 1792-1815
hätte dem österreichischen Staat überhaupt keine Gelegenheit
gegeben, sich mit Übersee zu beschäftigen, zumal die südlichen
Niederlande und damit der Hafen Ostende 1794 verloren ging.

Was tat Bolts nach dem Zusammenbruch der Societé? Zunächst
entfaltete er eine unstete Reisetätigkeit, die ihn von seinem ursprünglichen Triester Hauptwohnsitz nach Paris (1785), Stockholm (1786), Wien (1787), Antwerpen (1787), zwischendurch
auch nach London und dann in die schwedische Hafen- und
Handelsstadt Göteborg, wohin er 1788 übersiedeln wollte, führte. Noch im März 1788 verfasste die Österreichische Staatskanzlei Empfehlungsschreiben für Oberstleutnant Bolts an indische
Nabobs und an Gouverneure von europäischen Niederlassungen in Asien – alle diese Urkunden sind in lateinischer Sprache
abgefasst.[194] Aber sie fanden bei Bolts keine Verwendung mehr,

---

194 HHStA, OIK Karton 3, Mappe „Noten der Hofkanzlei an die Staatskanzlei mit Urkunden für Bolts", 6. März 1788, fol. 1-40

denn er verließ Europa gar nicht. Zweck seiner Reisen war es einerseits, Prozesse gegen jene zu führen, die ihn seiner Ansicht nach geschädigt hatten, andererseits sich mit seinen Gläubigern zu einigen. In Antwerpen publizierte er eine Sammlung all jener Dokumente, die sein Verhalten rechtfertigten und das Antwerpener Direktorium verurteilten, daneben gab es auch Anschuldigungen gegen Großbritannien und Portugal.[195] Diese Quellentexte enthalten keine Fälschungen, sie sind aber so angeordnet bzw. derart ausgewählt, dass Bolts in möglichst günstigem Licht erscheint. Das gelang ihm insofern, als die Wiener Regierung weiterhin ihre schützende Hand über ihn hielt und alle von seinen Gläubigern angestrebten Exekutionen und Haftforderungen niederschlug. Es ist übrigens bemerkenswert, mit welcher Akribie Bolts alle ihm relevant erscheinenden Schriftstücke aufbewahrte – dies zeigt sich schon bei seinem (hier oft zitierten) zweibändigen Hauptwerk „Gegenwärtiger Zustand von Bengalen". Auch soll er eine umfangreiche Bibliothek besessen haben.

Wilhelm Bolts plante wieder neue Projekte:[196] In Wien schlug er der Regierung die Ausrüstung einer abermaligen Expedition mit der soeben von Indien nach Triest zurückgekehrten „Cobenzl" vor: Diese sollte die von ihm gegründeten indischen Faktoreien anlaufen; er wurde aber abgewiesen. Dann wandte er sich an den Pariser Hof und unterbreitete dort die Möglichkeit, auf einer pazifischen Insel eine schwimmende Faktorei zu errichten, blitzte aber ebenfalls ab. Mehr Erfolg schien er in Stockholm zu haben, wo ihn der *Schwedenkönig Gustav III.* (Kg. 1771, 1792 ermordet) in Privataudienz empfing und von seiner Idee, auf einer südpazifischen Insel eine schwedische Kolonie zu gründen sowie an der Küste des Sind (nahe der Indusmündung) eine Faktorei zu errichten, anscheinend äußerst angetan war. Zunächst gewährte er Bolts eine Unterstützung von 3.000 Reichstalern, 1788

---

195 Bolts, Recueil a. a. O.
196 Meisterle a. a. O. S. 131 ff.

ließ er das Projekt jedoch fallen. Ein Geldgeschenk sollte Bolts trösten, aber dieses reichte nicht aus, um eine neue Gesellschaft zu gründen. Ein letzter Versuch, den König von Sardinien-Piemont für eine Inselkolonie im Pazifik zu gewinnen, schlug fehl. Bolts resignierte. Der Abenteurer und Geschäftsmann war jetzt 50 Jahre alt und verzichtete anscheinend auf weitere Planungen.

Nach 1790 verloren sich in Wien alle Spuren von Wilhelm Bolts, die österreichischen Quellen schweigen von ihm. Er verbrachte seinen Lebensabend von 1800 bis 1801 in London, anschließend in Lissabon und nach 1805 in Paris, wo er die Reste seines Vermögens verbrauchte und völlig verarmt 70-jährig am 8. April 1808 in einem Krankenhaus starb.

QUELLEN UND LITERATUR

Allgemeine deutsche Real-Enzyklopädie für die gebildeten Stände. Conversations-Lexikon. 15 Bde., Leipzig 1851-1855.

Guillaume **Bolts**: Recueil de Pièces Authentiques: affaires de la ci–devant Société impériale Asiatique de Trieste gerées a Anvers. Anvers 1787.

W[ilhelm] **Bolts:** Gegenwärtiger Zustand von Bengalen. Aus dem Französischen mit Anmerkungen und Zusätzen von S[chulz]. In zweyen Theilen. Leipzig 1780.

Bertrand Michael **Buchmann:** Hof – Regierung – Stadtverwaltung. Wien als Sitz der österreichischen Zentralverwaltung von den Anfängen bis zum Untergang der Monarchie. Wien – München 2002.

Bertrand Michael **Buchmann:** Militär – Diplomatie – Politik. Österreich und Europa von 1815 bis 1835. Frankfurt am Main – Bern – New York – Paris 1991.

Bertrand Michael **Buchmann:** Der Wiener Linienwall. Phil. Diss. Wien 1974.

Edward Keble **Chatterton**: The Old East Indiamen. 2017. [E-Book #54561]. Abrufbar unter: www.gutenberg.org/files/54561/54561-h/54561-h.htm

Detlev **Ellmers:** Segel- und Hochseeschifffahrt. In: Enzyklopädie der Neuzeit Bd. 5 und Bd. 11. Stuttgart – Weimar 2007 und 2010.

Nikolaus **Fontana:** Tagebuch der Reise des kais. kön. Schiffes Joseph und Theresia nach den neuen österreichischen Pflanzorten in Asia und Afrika. An Herrn Brambilla, Leibwundarzt Sr. Majestät des Kaisers und Protochirurgus der k. Armeen. Dessau und Leipzig 1782.

Ernst **Görlich**: Zu Wilhelm Bolts' Nikobaren-Expedition. In: MIÖG 51, 1937-12, S. 188-190.

N.L. **Hallward:** A Dutch Adventurer under John Company. Cambridge 1920 (N.D. 2015).

Philipp Wilhelm von **Hörnigk:** Österreich über alles, wann es nur will. Das ist: wohlmeinender Furschlag, wie mittelst einer wolbestellten Landes-Oeconomie, die kayserl. Erbland in kurzem über alle anderen Staat von Europa zu erheben, und mehr als einiger derselben von denen andern independent zu machen. Durch einen Liebhaber der Kayserl. Erbland Wolfahrt. 1684. ND Wien 1964 (Hrsg. Gustav Otruba) sowie 1983 (Hrsg. Hannes Androsch und Franz Vranitzky).

Walter **Hummelberger,** Kurt **Peball:** Die Befestigungen Wiens. = Wiener Geschichtsbücher 14, Wien – Hamburg 1974.

Franziska **Kasper:** Kolonialland Österreich. Die Österreichisch-Ostindische Handelskompagnie und Wilhelm Bolts (1740-1808). In: Irmgard Kirchner, Gerhard Pfeisinger (Hrsg.): Weltreisende. ÖsterreicherInnen in der Fremde. Wien 1996, S. 37-47.

Dora **Lauffer:** Die Wellen. Altösterreichische Familiensaga zwischen Adria und Schlesien. Graz 1989.

Philipp **Lawson:** The East India Company. A History. London – New York 1987.

Michael **Mann:** Bengalen im Umbruch. Die Herausbildung des britischen Kolonialstaates 1754-1793. = Beiträge zur Kolonial- und Überseegeschichte Bd. 78, Stuttgart 2000.

Nevil **Maskelyne:** The Nautical Almanac and Astronomical Ephemeris, for the Year 1767.

Stefan **Meisterle:** Die zweite österreichische Ostindienkompanie. William Bolts und der Wiener Hof. Geisteswiss. Diplomarbeit Wien 2007.

Ders.: Die koloniale Ostindienpolitik des Wiener Hofes in den Jahren 1775-1785. In: Wiener Geschichtsblätter 62, 2007, 17-29.

Hermann **Mückler:** Der geplatzte Traum vom Weltmachtstatus. Österreichs erfolglose Kolonialisierungsversuche im 18. und 19. Jahrhundert. In: ÖGL 58. 2014 H. 4, S. 355-362.

Österreichisches Staatsarchiv, St. Abt. Ostindische Kompanie Triest-Antwerpen. Kartons 1-6 (hier zitiert: HHStA, OIK).

Franz v. **Pollack-Parnau:** Eine österreichisch-ostindische Handelscompagnie 1775-1785. Ein Beitrag zur österreichischen

Wirtschaftsgeschichte unter Maria Theresia und Joseph II. Stuttgart 1927.

Dava **Sobel:** Längengrad. Die wahre Geschichte eines einsamen Genies, welches das größte wissenschaftliche Problem seiner Zeit löste. Berlin 1996.

Friedrich **Wallisch:** Das Unternehmen Bolts in Afrika. In: Neues Wiener Tagblatt. Wochen-Ausgabe Nr. 41, 9. Oktober 1942.

Michael **Wanner:** Kaiserliche asiatische Kompanie in Triest und Antwerpen. Der letzte Versuch der Habsburgermonarchie zur Durchdringung des ostindischen Handels 1781-1785. Abrufbar unter: www.academia.edu/43307387/Imperial_Asiatic_Company_in_Triest_and…

Anmerkung:

Alle von fremdsprachigen Quellen entnommenen Texte wurden vom Autor übersetzt. Deutschsprachige Quellentexte sind in die moderne Rechtschreibung und Interpunktion transkribiert worden.

Die in Klammern den Einzelpersonen beigefügten Lebensdaten beziehen sich auf das Geburts- und Todesjahr, bei regierenden Personen auf den Anfang und das Ende der Regentschaft.

Der Autor

Der Autor Bertrand Michael Buchmann, geboren
1949 in Wien, studierte Geschichte und Geografie
und war von 1976 bis 2014 AHS-Lehrer in Wien.
1987 habilitierte er sich für das Fach „Neuere
Geschichte Österreichs" und ist seither an der
Universität Wien in Forschung und Lehre tätig. Seit
2007 ist er auch an der Donau-Universität Krems
mit Lehraufträgen vertreten. 1994 gewann er den
Hauptpreis der Österreichischen Akademie der
Wissenschaften. Zahlreiche Veröffentlichungen
zur österreichischen und europäischen Geschichte,
unter anderem folgende Titel:
Weltpolitik seit 1945. Wien-Köln-Weimar 2014.
Die Entwicklung der Menschenrechte. Textbeispiele
von der Antike bis zur Gegenwart. Wien 2018.
Insel der Unseligen. Das autoritäre Österreich 1933-
1938. Wien-Graz 2019.
Kurze Geschichte der Gegenwart. Berlin 2021.
Gem. mit Claudia Reichl-Ham: Habsburger und
Osmanen. Eine bilaterale Geschichte. Wien 2021.

novum VERLAG FÜR NEUAUTOREN

Der Verlag

Wer aufhört besser zu werden, hat aufgehört gut zu sein!

Basierend auf diesem Motto ist es dem novum Verlag ein Anliegen, neue Manuskripte aufzuspüren, zu veröffentlichen und deren Autoren langfristig zu fördern. Mittlerweile gilt der 1997 gegründete und mehrfach prämierte Verlag als Spezialist für Neuautoren in Deutschland, Österreich und der Schweiz.

Für jedes neue Manuskript wird innerhalb weniger Wochen eine kostenfreie, unverbindliche Lektorats-Prüfung erstellt.

Weitere Informationen zum Verlag und seinen Büchern finden Sie im Internet unter:

www.novumverlag.com